文化遗产管理能力框架

文化遗产从业者核心技能与知识指南

联合国教育、科学及文化组织　组织编写
北京市文物局　译

北京出版集团
北京出版社

联合国教育、科学及文化组织（法国巴黎丰特努瓦广场7号，75352），教科文组织东亚区域办事处（中国北京市朝阳区建国门外外交公寓，100600）及北京市文物局（中国北京市东城区府学胡同36号，100007）2024年联合出版。

© 联合国教科文组织和北京市文物局，2024年

ISBN：978-92-3-500055-9

https://doi.org/10.58337/VHHW1085

本出版物为开放获取出版物，授权协议为Attribution-ShareAlike 3.0 IGO (CC-BY-SA 3.0 IGO)（http://creativecommons.org/licenses/by-sa/3.0/igo/）。用户使用本出版物内容，即表明同意接受联合国教科文组织开放获取资源库使用条件的约束。

原版名称：Competence framework for cultural heritage management: a guide to the essential skills and knowledge for heritage practitioners

联合国教科文组织总部及联合国教科文组织曼谷办事处于2021年出版。

本出版物所采用的名称和所提供的材料并不意味着教科文组织对任何国家、领土、城市或地区或其当局的法律地位，或对其边界或边界的划定表示任何意见。

本出版物表达的是作者的看法和意见，而不一定是联合国教科文组织的看法和意见，因此本组织对此不承担责任。

英文原版信息：

指导：杨碧幸（Duong Bich Hanh）

作者：希斯基·比恩斯特曼（Hiske Bienstman）、尼尔·卡迈勒·查帕格恩（Neel Kamal Chapagain）、谢里夫·沙姆斯·伊蒙（Sharif Shams Imon）、金仁智（Injee Kim）、利蒂西娅·莱托（Leticia Leitao）、何淑敏（Montira Unakul）

项目主管和编辑：何淑敏（Montira Unakul）

文字编辑：埃莉·梅莱西（Elie Meleisea）

项目协调员：金仁智（Injee Kim）、李杭颖（Hangying Li）

平面设计和插图：沃伦·菲尔德（Warren Field）

个人能力（第91—93页）内容转载自《全球保护区实践者能力登记册》，经世界自然保护联盟（library@iucn.org）许可。

中文翻译：北京市文物局

中文审校和编辑：联合国教科文组织东亚区域办事处　李杭颖

　　　　　　　　北京出版社　黄雯雯　杨　超

封面照片：中国长城：李少白　　　　六百年紫禁城：肖　勇
　　　　　古往今来中轴线：刘桂林　　光影中轴线：赵　瑞

邮箱：beijing.culture@unesco.org

网址：https://www.unesco.org/en/fieldoffice/beijing

TH/C3-5457/CLT/21/045

摘要

文化遗产从业者
能力再建设与提升的新准则

气候变化、新冠肺炎疫情等诸多危机给文化遗产地及其相关社区带来了前所未有的挑战。面对这些新的现实情况，文化遗产从业者越来越需要反思遗产地管理的方式。

如今，遗产地的保护已经超出了技术保护范畴。遗产地管理者还必须解决可持续发展目标中定义的各种经济、社会和环境问题。文化遗产从业者需要不断提升和强化自身能力，以应对新的管理挑战。

联合国教科文组织文化遗产管理能力框架为文化遗产从业者和文化遗产组织提供了新的工具包，界定了所需知识、技能和个人能力。它为 4 个方面的能力提升提供了准则：核心能力 (如与社区协作、利用文化遗产推动地方经济发展)、管理能力 (如战略规划和资金管理)、个人能力和专业技术能力 (如定义文化遗产专业知识专项技术)。

本书还可用于学术机构教学和培训计划的策划与评估等工作中。

198

已确定的
文化遗产管理能力

前言一

保护文化遗产，让历史走向未来，是全人类刻不容缓的使命。当今世界正经历百年未有之大变局，在一个变化和不确定因素成为常态的世界，从地缘政治冲突到气候环境变化，从社会思想变迁到科学技术革命，文化遗产面临前所未有的风险与挑战。

文化遗产从业者需要不断学习和应用新知识技术，应对文化遗产保护传承在时代变革中的考验，持续推动该领域的高质量创新发展。文化遗产管理者作为保护和传承文化遗产的关键力量，既是遗产资源的守护者，又是功能服务的运营者，还是相关群体的组织者，其角色和承担的责任分量重大。基于个人和组织文化遗产管理能力整体性的提升，《文化遗产管理能力框架》（以下简称《能力框架》）列出了198项已确定的文化遗产管理能力，这不仅是文化遗产从业人员能力再建设与提升的新准则，也是大家应该履行的责任和义务。为共同推动文化遗产事业的发展和进步，2023年9月，北京市文物局和联合国教科文组织东亚区域办事处签署了共同出版协议，并有幸参与了本书中文版的组织翻译工作，为扩大文化遗产知识传播、促进学术交流献出了自己的绵薄之力。

本书的出版具有重要意义，我们期望读者能够通过本书获得更系统的思考、更深入的理解、更广阔的视野，从而驾轻就熟地处理文化遗产相关工作中的各种问题，应对挑战。从实际工作来讲，文化遗产是一个非常复杂和多元的领域，需要综合运用各种知识和技能，《能力框架》可以帮助读者将所学的知识和技能应用于具体场景中。同时，我们知道"实践是检验真理的唯一标准"，希望读者在实践中不断探索、总结经验，并通过相互交流加快对这些管理能力的掌握和提升。我们相信，《能力框架》将成为文化遗产从业者个人和文化遗产组织学习和成长道路上的必备指南和得力助手。

感谢联合国教科文组织东亚区域办事处协调并组织编写本书稿，感谢东南大学对本书稿的校对审核，感谢北京出版集团对本书的付梓印刷，感谢所有参与本书编写、翻译和出版的人员，是他们的辛勤付出和无私奉献才让这本书得以呈现在大家面前，也为北京中轴线申遗办能参与本书的编写而由衷地感到自豪。未来，还需要进一步加强国际交流合作，推动文明交流互鉴；深入挖掘文化遗产的时代价值，让文物"活"在当下。如何有效利用文化遗产，最大限度发挥文化遗产的社会功能，是新时代文化遗产适应变革、满足民众对美好生活向往的必解之题。让我们一起开启知识探索之旅，共同书写文化遗产可持续发展的辉煌篇章！

陈名杰

北京市文物局局长

前言二

截至2020年，亚太地区共有269处世界遗产，其中190处为文化遗产。除了列入《世界遗产名录》的遗产地外，该地区还拥有大量具有地方和国家意义的遗产。这些涵盖考古遗址、历史中心城市和各种文化景观的文化遗产地具有丰富的多样性。因此，遗产地管理机构、文化遗产保护专业人士，以及为保护遗产地做出贡献的当地管理人员都应具备相应的专业技能和知识。

随着文化遗产定义的日益宽泛，遗产地管理者所面临的挑战也越加复杂。例如，对工业遗产、20世纪文化遗产和其他类型文化遗产认可度的提高，增加了文化遗产从业者在保护该地区多样化遗产方面面临的挑战。此外，气候变化、地区冲突和其他威胁所带来的紧迫压力也要求我们反思遗产地管理的方式。现在，除了与保护本身有关的目标外，遗产地管理者还需要在可持续发展目标框架内，努力利用文化遗产推动其所在地经济文化的可持续发展。

面对这些新的现实情况，亚太地区的文化遗产保护职业正面临着越来越大的压力，需要通过提升和优化技能以应对这些挑战。同时，文化遗产教育和培训机构也在做出响应，支持整个地区教育部门和劳动力市场的更大能动性。相应地，该地区和其他地区的国家也应该认识到，有必要更严格地按照2019年《高等教育资格认定全球公约》的要求调整其教育框架。

鉴于文化和教育领域的大趋势，联合国教科文组织（UNESCO）组织编写了《能力框架》，为遗产管理制定了全面、跨学科和多层面的专业标准。

《能力框架》确定了目前文化遗产从业者个人和文化遗产组织所需的技能和知识，旨在作为相关机构提升能力的基准，以应对21世纪文化遗产管理方面的种种挑战。

为帮助并确保学员毕业时能获得作为文化遗产管理专业人员所必需的基础知识，联合国教科文组织将《能力框架》的内容转化为一套"文化遗产管理研究生教育学术研习成果"。这套成果将为越来越多的开设文化遗产保护方面课程的高等教育机构提供帮助。

本书在加强文化遗产管理领域的专业实践和教育方面制定了新的标准，期望对亚太地区和其他地区的文化遗产管理从业者和学术机构提供重要帮助。

青柳茂（Shigeru Aoyagi）
联合国教科文组织亚太区域教育局局长

序言一

国际文化财产保护与修复研究中心

我们生活在一个联系日益紧密、关系日益复杂的世界，一个地区的行动将对其他地区造成不同程度的影响。我们也生活在一个信息丰富的时代，但在许多领域也往往缺乏处理信息的必要知识、技能和能力。

在这个复杂而又相互关联的世界进行文化遗产管理，从事文化遗产保护工作的专业人员需要获取大量信息，以便做出正确决策。由于文化遗产本身与各种生活状况和环境相互交融，文化遗产从业者在日常工作中需要对许多与当下社会相去甚远的问题进行思考、计划、实施和监控。此外，文化遗产从业者承担着多种职能，也需要不断提高自身技能以适应变化。因此，这些致力于遗产保护和管理的专业人员必须具备有效开展工作所需的知识和能力。

在这种背景下，《能力框架》的出版具有重大的价值和意义。本书列出了有助于提高文化遗产从业者专业服务质量的必要知识、技能和素质，无疑将为教育机构和遗产管理机构提供有效指导，以培养具有跨学科知识和多层面技能的专业人员，并相应优化人力资源管理和绩效。

国际文化财产保护与修复研究中心（ICCROM）对这项倡议表示高度赞成，并向所有参与出版人员的努力表达敬意。

韦伯·恩多罗（Webber Ndoro）
国际文化财产保护与修复研究中心总干事

序言二

国际古迹遗址理事会

保护世界文化遗产任重道远。随着世界各国动员起来，应对气候变化、自然灾害和人类冲突带来的后果，并试图通过可持续发展来改善人们的健康和社会的繁荣，保护文化遗产所需的资源越来越有限。充分利用这些资源，包括人力和财力资源，就变得越来越重要。

有限资源的合理分配要求技术工人、专业人员和管理者掌握文化遗产保护的知识和技能。重点在于，那些负责确保资金来源和分配资金的执行层面人员，应就如何在长期内最有效地保护文化遗产做出明智的决定。同样重要的是，参与规划和开展保护工作的专业人士和技术工人应具备相应能力。

联合国教科文组织在众多文化遗产保护专业人士和组织的协助下制定了《能力框架》，为文化遗产从业者提供了从技术工人到管理人员所需的能力指南。这些能力有：包括遗产原则、伦理和法律方面知识在内的"核心能力"，实现管理目标所需的"管理能力"，对促进成功合作至关重要的"个人能力"，以及适用于目前活跃在文化遗产保护领域不同类型专业人员的"专业技术能力"。

《能力框架》在提升各级文化遗产从业者所需知识、技能和态度方面提供了信心和方法。《能力框架》需要与经过时间证明的最佳文化遗产保护实践框架配套，如国际古迹遗址理事会（ICOMOS）于2019年发布的《欧洲质量原则》（*European Quality Principles*）。

国际古迹遗址理事会为能够参与《能力框架》的制定深感自豪，并祝贺联合国教科文组织及其合作伙伴将这一倡议付诸实施。我们期待《能力框架》在亚太和其他地区普及，并期待它为世界文化遗产保护工作的持续改进做出贡献。

彼得·菲利普斯（Peter Philips）
国际古迹遗址理事会秘书长（2017—2020年）

序言三

世界自然保护联盟

2016年，世界自然保护联盟世界保护区委员会（IUCN WCPA）编制了《全球保护区实践者能力清单》（*A Global Register of Competences for Protected Area Practitioners*，Appleton，2016）（以下简称《能力清单》）。《能力清单》发布的必要性：首先，反映了保护区覆盖范围的扩大；其次，越来越多的个人、机构和社区参与到自然遗产和文化遗产的保护工作中；最后，管理保护区所需的技能要求越来越高、越来越多样化。保护区管理者、工作人员和负责人不仅需要具备保护物种、栖息地和生态系统的相关知识，还需要维护为人类提供服务的自然环境，践行可持续发展，推进公平合理的治理方式，呼吁财政和政治的支持，应对旅游业规模的不断扩张，管理大型、复杂组织并与其他部门合作的技能和经验。

世界自然保护联盟认识到，迫切需要将保护区管理提升为一个专门的、得到正式认可的，并且受社会尊重的职业，以提高个人和组织的积极性，从而使保护工作更加高效。《能力清单》是这一进程的重要基础。本质上，它定义了世界各地保护区工作者所需的所有技能、知识和个人能力。《能力清单》是管理人员和人力资源专业人员规划和管理保护区人员配置、个人评估和发展技能的理想参考和依据。

令人欣喜的是，联合国教科文组织借鉴了世界自然保护联盟世界保护区委员会在《能力清单》制定过程中的经验，并形成了《能力框架》。《能力框架》与《能力清单》保持一致，促进了文化和自然相关部门保护措施的相互借鉴。更重要的是，通过本次合作，我们可以创造新的形式，以探索更好的实践路径，并通过更合适的方式支持当地遗产保护工作。

更重要的是，《能力框架》不应被视为编制者强加的标准，而应视为基础和依据，以建立适合国家和机构需求的标准，激发更系统和有效的能力发展、执行力及管理方法。联合国教科文组织在亚洲及太平洋地区的工作促进了《能力框架》的制定，该地区的文化、传统和世界观均认为自然和文化是水乳交融、息息相关的。

事实上，如今有两个有关自然和文化遗产保护的《能力框架》，有助于我们跨越文化遗产管理者所在地区文化和自然的多样性，创造更大的一致性，为相关工作提供支持。早期实施的《能力框架》侧重于世界自然保护联盟、联合国教科文组织、国际文化财产保护与修复研究中心、国际古迹遗址理事会在世界遗产地的能力发展方面联合开展的工作，包括"世界遗产领导力计划"（*World Heritage Leadership Programme*）和"联系实践倡议"（*Connecting Practice Initiative*），这些工作均侧重自然、文化和人之间的联系，是成功实施保护工作的关键。

在此感谢联合国教科文组织在制定《能力框架》方面的合作，并希望我们继续保持合作关系，促成该成果的广泛使用，为专业团体提供更多、更好的支持，最终为保护实践成功奠定基础。

蒂姆·巴德曼（Tim Badman）

世界自然保护联盟世界遗产项目主任

致谢

联合国教科文组织对所有为制定《能力框架》做出贡献的人表示衷心感谢。本《能力框架》的编制是区域和国际组织、教育和培训机构、遗产地管理机构和专家个人共同努力的结晶。

首先，我们要感谢世界自然保护联盟出版了行业标杆《全球保护区实践者能力清单：保护区和其他保护区管理者、工作者和负责人所需技能、知识和个人能力综合目录和用户指南》，为我们提供灵感，并促成《能力框架》与《能力清单》保持一致。特别感谢麦克·阿普尔顿（Mike Appleton）在《能力框架》制定的概念阶段所提供的技术指导和信息反馈。

我们对以下制定本《能力框架》的咨询委员会成员专家表示感谢：尤努斯·阿尔比（Yunus Arbi）、克里斯托·巴克利（Kristal Buckley）、吉拉德·波诺坦（Girard Bonotan）、董魏（Dong Wei）、理查德·恩格尔哈特（Richard Engelhardt）、稻叶信子（Nobuko Inaba）、帕约诺（Paryono）、彼得·菲利普斯（Peter Phillips）、西蒙妮·里卡（Simone Ricca）、加米尼·维杰苏里亚（Gamini Wijesuriya）和埃里克·泽鲁多（Eric Zerrudo）。

我们也感谢以下组织提供的宝贵意见：东南亚国家联盟秘书处、国际文化财产保护与修复研究中心、国际古迹遗址理事会、国际劳工组织（ILO）、世界遗产城市组织（OWHC）、东南亚教育部长组织考古与美术区域中心（SEAMEO SPAFA）、东南亚教育部长组织职业技术教育与培训区域中心（SEAMEO VOCTECH），以及联合国教科文组织亚太地区世界遗产培训与研究中心（WHITRAP）。

我们感谢亚洲文化遗产管理学会（AAHM）成员在制定本《能力框架》及其相关学术学习成果方面提出的建议和意见，以及通过专业教育渠道应用本《能力框架》的设想。还要感谢弗劳恩霍夫国际管理和知识经济中心IMW（Fraunhofer IMW）和智库城市研究所（Think City Institute）为使用本《能力框架》进行培训工作提供的试点支持。

我们对作者团队表示感谢，包括撰写核心能力部分的谢里夫·沙姆斯·伊蒙（Sharif Shams Imon）和编写管理能力部分的利蒂西娅·莱托（Leticia Leitao）。希斯基·比恩斯特曼（Hiske Bienstman）根据相关专业组织和机构的意见和反馈，编写了专业技术能力部分。尼尔·卡迈勒·查帕格恩（Neel Kamal Chapagain）负责将本《能力框架》内容改编为文化遗产管理专业研究生教育学术学习的材料。何淑敏（Montira Horayangura Unakul）撰写的第1章和第2章，介绍了本《能力框架》概况及其使用方法。

同时，也感谢以下为本《能力框架》的定稿提供反馈意见的人员：法蒂玛·尼塞塔斯·阿隆佐（Fatima Nicetas Alonzo），洪敏芝（Ming Chee Ang），尤努斯·阿尔比（Yumnus Arbi），贝弗莉·包蒂斯塔（Beverly Bautista），阿努拉达·查图尔韦迪（Anuradha Chaturvedi），崔宗浩

（Jong-ho Choe）、理查德·恩格尔哈特（Richard Engelhardt）、琅勃拉邦世界遗产办公室彼得·菲利普斯（Peter Phillips）、联合国教科文组织伊斯兰堡贾瓦德·阿齐兹（Jawad Aziz）、联合国教科文组织加德满都普鲁肖坦·阿瓦尔（Purusottam Awal）、尼普纳·什雷斯塔（Nipuna Shrestha）、纳布·巴斯尼亚特·塔帕（Nabha Basnyat Thapa）、托马斯（Thomas）、世界遗产中心林奈央（Nao Hayashi）和埃里克·泽鲁多（Eric Zerrudo）。

我们对以下人员制定学术学习成果所做出的贡献表示感谢：张铭财（Eddy Chong Siong Choy）、谢里夫·沙姆斯·伊蒙（Sharif Shams Imon）、利蒂西娅·莱托（Leticia Leitao）和加米尼·维杰苏里亚（Gamini Wijesuriya）。我们对以下人员就学术学习成果草案提出的反馈表示感谢：法蒂玛·尼塞塔斯·阿隆佐（Fatima Nicetas Alonzo）、贝弗莉·包蒂斯塔（Beverly Bautista）、克里斯托·巴克利（Kristal Buckley）、阿努拉达·查图尔韦迪（Anuradha Chaturvedi）、崔宗浩（Jong-ho Choe）、何培斌（Puay Peng Ho）、卢庆旼（Kyungmin Lho）、韦斯莱·泰特（Wesley Teter）、邵甬（Shao Yong）、赵志庆（Zhiqing Zhao）。

我们还要感谢新加坡国立大学、世界遗产城市组织亚太区域秘书处、东南大学、苏州市政府和香港大学盛情主办了专家评审会议。泰国航空公司为我们提供了额外支持。

我们同样感谢世界遗产地管理机构提供的建议，这些机构通过参加会议和开展调查，帮助我们根据现场需求评估了本《能力框架》的草案。

此外，我们还要感谢北京市文物局、北京中轴线申遗保护工作办公室对本《能力框架》进行了中文翻译。

本《能力框架》的制定，也离不开联合国教科文组织曼谷办公室教育创新和技能发展科的密切合作和支持。特别感谢黄智惠（Jihye Hwang）、韦斯莱·泰特（Wesley Teter）和汪利兵（Libing Wang）从教育和质量保证的角度提供的宝贵反馈意见。

希斯基·比恩斯特曼（Hiske Bienstman）、金仁智（Injee Kim）、李杭颖（Hangying Li）和何淑敏（Montira Unakul）在杨碧幸（Duong Bich Hanh）的技术指导和格拉帕·普拉普顿（Korapat Praputum）的行政支持下，承担了《能力框架》制定过程中的协调工作。

最后，我们感谢大韩民国信托基金在"开发区域优质工具以促进亚太地区学生跨境流动"项目中对制定本《能力框架》的慷慨支持。此外，我们感谢荷兰信托基金和世界遗产中心为在东南亚地区推广本《能力框架》提供的协助，以及感谢北京宣传文化引导基金对本《能力框架》在中国出版和发行做出的贡献。

目录

前言一 ……………………………… 2
前言二 ……………………………… 3
序言一 ……………………………… 4
序言二 ……………………………… 5
序言三 ……………………………… 6
致谢 ………………………………… 7
方格、表格和图片 ………………… 2
缩略词 ……………………………… 3
执行摘要 …………………………… 4

第 1 章 绪论 …………………… 6
  1.1 理论基础 …………………… 7
  1.2 基于能力的文化遗产管理方法 …… 10
  1.3 制定《能力框架》的目的 ……… 11
  1.4 制定本《能力框架》的主要参考 … 14
  制定过程 ………………………… 18

第 2 章 《能力框架》概述 …… 20
  2.1 结构 …………………………… 21
  四个人员级别 …………………… 21
  能力类型 ………………………… 21
  2.2 能力表格阐释 ……………… 27
  2.3 本《能力框架》的适用对象 … 32
  文化遗产管理组织 ……………… 32
  文化遗产管理从业者、文化遗产保护
  专业人员和当地负责人 ………… 36
  教育和培训机构 ………………… 37
  2.4 开展评估 ……………………… 39
  快速评估 ………………………… 41
  详细评估 ………………………… 41
  2.5 后续步骤 ……………………… 43

第 3 章 文化遗产管理能力框架 …… 45
  3.1 核心能力 ……………………… 46
  3.2 管理能力 ……………………… 66
  3.3 个人能力 ……………………… 83
  3.4 专业技术能力 ………………… 86

第 4 章 文化遗产管理专业研究生教育的学术学习成果 …… 97
  概况 ……………………………… 98
  4.1 主要学习成果 ………………… 99
  4.2 管理学习成果 ………………… 104

参考文献 ……………………… 109

方格1	关联文化遗产管理和可持续发展	8
方格2	什么是能力？	9
方格3	如何应用《能力框架》？	12
方格4	能力、传统管理体系和专业知识	13
方格5	《全球保护区实践者能力清单》	15
方格6	《能力框架》和世界文化遗产管理能力建设	17
方格7	《能力框架》的思路	18
方格8	《能力框架》概览	25
方格9	个人能力和组织执行力	33
方格10	世界遗产地管理机构职能多样化	34
方格11	组织内能力转变——老挝瓦普寺世界遗产地办公室案例	35
方格12	先前学习认定	36
方格13	文化遗产管理专业研究生教育的学术学习成果	38
方格14	评估能力和人员配置：《能力框架》和"遗产提升工具包"	40
方格15	能力评估方法	41

表1	各级人员职责及举例说明	21
表2	各类别和级别的能力数量	26
表3	能力表格示例	27
表4	能力描述示例	28
表5	各类别和级别基本能力	29
表6	能力快速评估表和评分等级示例	42
表7	确定优先进行培训和技能发展的领域	42

图1	扩大文化遗产管理范围	7
图2	可持续文化遗产保护	8
图3	能力三要素	10
图4	《能力框架》概述	23
图5	《能力框架》的三大主要用户群	32
图6	老挝瓦普寺世界遗产地办公室的组织结构	35
图7	使用《能力框架》进行评估选项	44

缩略词

AAHM 亚洲文化遗产管理学会

ALR 确保法律法规的执行

APC 高级个人能力

AQRF 东南亚国家联盟资历参照框架

ASEAN 东南亚国家联盟

CCC 沟通、合作与协调

CRK 社区、权利和知识

FPC 基本个人能力

FOM 财务与运营管理

HED 遗产教育和阐释

HER 遗产政策、原则、程序和伦理

HCM 人力资源管理

ICCROM 国际文化财产保护与修复研究中心

ICOMOS 国际古迹遗址理事会

ILO 国际劳工组织

IMA 信息管理与行政

IUCN 世界自然保护联盟

MRA 双边互认协议

OPM 组织治理、遗产规划和战略管理

OWHC 世界遗产城市组织

OWHC-AP 世界遗产城市组织亚太区域秘书处

SEAMEO 东南亚教育部长组织

SEAMEO SPAFA 东南亚教育部长组织考古与美术区域中心

SEAMEO VOCTECH 东南亚教育部长组织职业技术教育与培训区域中心

SUS 可持续发展

TVET 职业技术教育和培训

UNESCO 联合国教育、科学及文化组织

WCPA 世界保护区委员会

WHC 世界遗产委员会

WHITRAP 联合国教科文组织亚太地区世界遗产培训与研究中心

执行摘要

2018年，联合国教科文组织发起了一项制定能力框架的工作倡议，旨在帮助文化遗产地管理机构提高工作人员能力，以提高遗产地保护和管理工作的效率和质量。这项工作也有助于各大学和培训机构设计相应的课程、体系和资格标准，以满足文化遗产管理和保护的实地工作培训需求。这项工作的成果即《能力框架》。虽然《能力框架》以亚太地区，特别是东南亚地区世界遗产地为主，但其应用范围并不限于此。

《能力框架》通过一系列会议、专家咨询和同行评审制定，收集了来自遗产地、教育和劳动力领域专业人士、遗产地管理者和区域及国际组织的宝贵意见。

制定本《能力框架》的首要参考是世界自然保护联盟世界保护区委员会编制的《能力清单》。《能力清单》列出了世界各自然保护遗产地工作所需的各类技能、知识和个人能力。

由于文化遗产领域尚无类似文件，希望本《能力框架》为文化遗产保护工作提供一套实用的专业实践标准。由于当今人们越来越认识到文化和自然遗产之间息息相关，以《能力清单》作为本《能力框架》的参考是非常适用的。

《能力框架》为组织和个人参与文化遗产管理界定了所需技能和知识，包括政府人员、专业人士和遗产地负责人。本《能力框架》涵盖4个级别的人员：(1) 技术工人；(2) 中级管理者、技术专家；(3) 高级管理者；(4) 决策者。其所涵盖的人员从职业工人到决策者等参与文化遗产管理的各个方面。

本《能力框架》定义了4组能力，每组又分若干类：

- **核心能力**：(1) 确保法律法规的执行（ALR）；(2) 遗产政策、原则、程序和伦理（HER）；(3) 社区、权利和知识（CRK）；(4) 遗产教育和阐释（HED）；(5) 可持续发展（SUS）。
- **管理能力**：(1) 组织治理、遗产规划和战略管理（OPM）；(2) 人力资源管理（HCM）；(3) 财务与运营管理（FOM）；(4) 信息管理与行政（IMA）；(5) 沟通、合作与协调（CCC）。
- **个人能力**：(1) 基本个人能力（FPC）；(2) 高级个人能力（APC）。
- **专业技术能力**：人类学、考古学、建筑学、建造行业、发展规划、工程设计、景观建筑、非物质文化遗产、材料保护、博物馆学、城市规划等学科知识。

本《能力框架》介绍了参与文化遗产管理的个人和组织应具备的技能和知识。具备核心能力、管理能力和个人能力可确保文化遗产保护从业者有效和全面地履行其职能。专业技术能力介绍了开展文化遗产工作的必要技能和知识，这些技能和知识需要在当前可获取的许多职业常规教育和培训之外习得，例如，是从普通建筑师转变为了解遗产保护的建筑师所需的技能。根据其所在组织的规模和设置，从业者可能需要具备多个学科的专业知识和技术能力。

本《能力框架》可由各组织用于系统判断整体上现有或所缺少的能力；个人也可以利用该内容进行自我评估。

但不建议将本《能力框架》视为一个固定的模板，一个组织不可能也没必要兼备本《能力框架》涵盖的所有能力。相反，每个组织都应根据自身情况选择相关度最高的技能。所选的技能可由组织内部不同任务的人员承担，外部文化遗产管理专业人士、遗产地管理人员和属于管理部门的其他参与者都可以选择并掌握所涵盖的技能。遗产地的类型、所处环境、组织者的使命以及参与遗产地管理的人员不同，所需的能力也不同。

基于本《能力框架》进行评估可以为战略投资方提供参照，提高仍存在差距的部分组织的能力。

本《能力框架》可以促进国际和区域内在专业技能交流和传播方面的合作。

虽然亚太地区的大多数专业人士通过个人学习和工作经验获取了遗产管理领域大部分技能和知识，但该地区越来越多的专业人士正从文化遗产管理教育中获取更专业的技能和知识，相关的教育课程正日益普及。联合国教科文组织基于本《能力框架》中的核心能力和管理能力制定了一套"文化遗产管理专业研究生教育的学术学习计划"，这套学习计划旨在帮助该领域内高等教育机构更好地培养学生，确保学生的技能、知识和态度符合行业需求和预期，从而提升学生的职业前景和执行力，并为提高文化遗产管理能力做出贡献。

提高能力只是文化遗产地成功管理的一个方面，还有其他方面的投入，如财政资源、政策扶持、法律法规等。虽然本《能力框架》为提高从事文化遗产管理工作的人员的能力提供了知识、技能和态度的标准，但归根结底，重要的还是提升保护和管理水平的实际结果。因此，本出版物中描述的能力应作为定义文化遗产管理最佳实践的更宏观框架的一部分加以应用。

第1章 绪论

1.1 理论基础

多年来,随着文化遗产范围的扩大,文化景观和其他类型文化遗产不断增加,文化遗产从业者所面临的挑战形势也愈加多维和复杂。除遗产保护的技术性问题,如解决生物或文物结构性腐烂等文化遗产业最早关注的问题外,当今一个遗产地的成功管理还需要考虑到经济、社会和环境方面的各种问题。此外,成功管理还涉及文化遗产领域以外更广泛的利益相关人或组织者、参与者。

与此同时,气候变化和新冠疫情等诸多危机给文化遗产地及相关地区带来了前所未有的挑战。此外,联合国《2030年可持续发展议程》要求从更具战略性的角度进行文化遗产管理,即利用遗产资源从根本上促进经济、社会和环境的可持续性发展。这种从狭隘的保护性问题扩大到长远的可持续性愿景,对文化遗产地的保护和管理具有实际意义。

当今的文化遗产从业者,包括从政策制定者到参与一线工作的各级人员都需要具备新的知识、技能和个人素质。

图1 扩大文化遗产管理范围

将文化遗产管理模式
从玻璃展柜内的珍贵文物转向
更加全面和可持续发展的方式

方格1

关联文化遗产管理和可持续发展

联合国《2030年可持续发展议程》（联合国大会，2015年）的正式通过，首次在全球发展领域明确了文化遗产和可持续发展之间的联系。《2030年可持续发展议程》指出，要确保可持续发展工作因地制宜，与当地社会和文化规范紧密结合，使文化遗产保护工作能够促进可持续发展。因此，文化遗产管理的任务转向了与可持续发展相关联的更广泛愿景。这样一来，文化遗产保护实践与可持续发展原则相互促进，反之亦然。

在世界遗产方面，"将可持续发展观点纳入《世界遗产公约》进程"的政策指出，"缔约国应认识到，世界遗产保护和管理战略以适当方式纳入可持续发展观点，不仅包括对'突出普遍价值'的保护，还包括对当代和后代福祉的保护"（世界遗产委员会，2015年，第6条）。该政策不仅涉及可持续发展的3个方面（环境可持续性、包容性社会发展和包容性经济发展），还呼吁促进和平与安全，提醒在履行《联合国宪章》的过程中维护人权和平等的义务，并为此类工作奠定基础。

资料来源：联合国教科文组织，2019 b，《亚洲遗产保护》第三卷：联合国教科文组织亚太地区文化遗产保护奖的经验教训（2010—2014），曼谷，联合国教科文组织，https://unesdoc.unesco.org/ark: 48223 // pf0000374412。

图2 可持续文化遗产保护

改编自汤普森（Thompson）和维杰苏里亚（Wijesuriya）（2018）

狭义的文化遗产管理能力侧重于保护，已不能满足维持文化遗产资源或其所属更广泛社会和环境结构的需要。如今，文化遗产从业者不仅应该能够处理保护方面的问题，还应该能够提高对自然和人为灾害的抵御能力，最大限度减少大规模开发旅游对环境和社会造成的负面影响，让社区有意识地参与其中，并利用文化遗产作为当地可持续发展的引擎，为提高当地居民的生活质量做出贡献。为此，今天的文化遗产从业者需要有能力和理性且有效地参与多个部门和学科，同时磨炼自身核心职能要求具备的技能和知识。为有效地认识、评估、传达和保护文化遗产的意义，文化遗产组织和从业者不仅需要夯实技术能力，还需要具备管理能力、人际交往和沟通技能等软实力。

在亚太地区，一些国家正着手调整文化遗产治理方案、法律法规、机构设置和政策要求，以满足新形势的需求。然而在其中许多国家，政府的文化遗产管理机构早在几十年前就已成立，其核心任务是保护考古遗址和收藏品，并配备了相应的人员。时过境迁，这些机构已没有能力应对当今日益增多的与遗产地相关的多方面管理挑战。

同样，亚太地区很多文化遗产管理教育和培训机构仍然狭隘地侧重于培养考古学、建筑学和博物馆学等核心学科毕业生，大多数机构仍未设置文化遗产管理相关专业或形成学习成果。最近对亚太地区教育项目和文化遗产管理机构的调查发现，针对当前所需的文化遗产管理相关知识和技能的具体培训仍然不够。

方格2

什么是能力？

能力，可以理解为已证明的工作能力，通常包括技能、知识和态度等要素。

阿普尔顿，2016，《全球保护区实践者能力清单》，格朗（Gland），世界自然保护联盟世界保护区委员会，第vii页。

能力定义为知识和技能与经验的组合，帮助专业保护师－修复师稳定负责地完成工作。

欧洲保护修复组织联合会，《2011年保护修复职业入行能力》，布鲁塞尔，欧洲保护修复组织联合会，第5页。

能力标准规定了在工作场所取得成功所需的具体知识和技能，以及所需的执行标准。

东南亚国家联盟，2018，《手册：东盟旅游专业人士双边互认协议》（第二版），雅加达，东盟秘书处，第24页。

能力的基本概念……其侧重于对员工在工作场所的期望，而不只是学习过程或花在培训和教育上的时间。

国际劳工组织，2006，《区域示范能力标准制定指南》，曼谷，国际劳工组织，第4页。

此外，与医生或律师等职业不同，文化遗产相关职业在亚太地区的许多国家尚未得到官方认可。许多国家尚未建立文化遗产从业者（如保护师、考古学家、保护建筑师或馆长）的相关行业法规。同时，该领域从业门槛较低，导致了工作成果和质量良莠不齐。文化遗产管理专业评判标准参差不齐，最终影响了本地区遗产地保护工作的质量和效果。缺乏从技术工人到技术专家，再到管理者各级合格的文化遗产从业人士，是本地区文化遗产部门面临的一大挑战。

文化遗产行业的专业化迫在眉睫。与自然保护区的情况类似，世界自然保护联盟世界保护委员会主席凯茜·麦金农（Kathy MacKinnon）敦促称："我们需要将保护区管理作为一项独特的、受正式认可的、受社会尊重的职业。专业化的最终目标是提高个人和组织的执行力，从而提高保护的有效性。"（阿普尔顿，2016，第vii页）

1.2 基于能力的文化遗产管理方法

作为提升保护遗产职业的地位并使其更加专业的一种方式，制定和建立公认的能力标准是其出发点。能力，即能够展示出应有的知识、技能和态度（KSA）。知识可确保对任务所需技术和理论背景的理解。技能是确保拥有稳定执行任务的能力。拥有正确的态度有助于确保从业者能积极、专业、道德和专注地完成任务。

图3 能力三要素

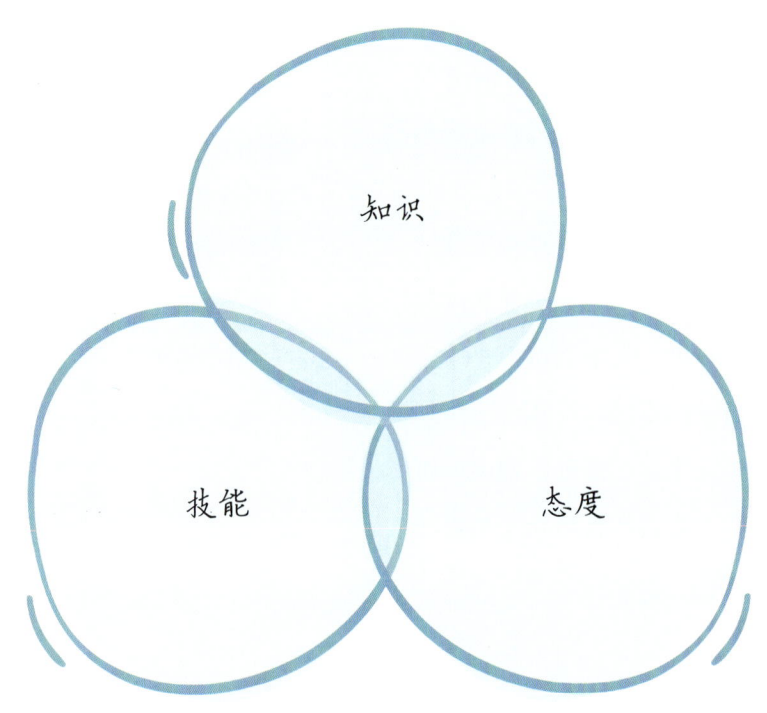

能力的概念在教育和劳动力领域至关重要，这些领域已转向结果导向型教育和能力导向型培训。能力运动起源于30多年前大学规模的急剧扩张，大量毕业生虽持有纸质文凭，但往往无法在劳动力市场发挥与之匹配的作用。因此，专业协会开始制定执行力标准，并确定相应职业所需的能力。这些目标能力反馈到教育机构，教育机构随后相应地调整了教育计划和课程设置，从而提高课程的质量和相关性。如今，能力的概念正在以区域资历框架（如欧洲资历框架）和国家资历框架（如澳大利亚资历框架）的形式在教育部门实现制度化。

在东南亚，东南亚国家联盟正通过东盟资历参照框架（AQRF）和双边互认协议（MRA）分别统筹教育和专业领域的能力。东盟资历参照框架是以学习成果作为衡量标准的多等级资格认证体系。它实现了在东盟成员国之间进行资格认证，涉及非正式、非正规和正规学习（义务教育后教育、成人和社区教育、技术和职业教育与培训以及高等教育）及终身学习。确保能力可以认证，有利于合格认证人员通过双边互认协议在东盟成员国之间进行自由流动和就业，建筑师和工程师等许多职业都存在这种协议。然而，在东南亚，东盟资历参照框架和双边互认协议均未在文化遗产管理领域得到直接应用。

基于能力认定的方法不仅提升了正规教育学习成果水平，同时也认可了通过非正规或非正式渠道（包括学徒制等传统传承体系）获得的知识和技能。采用这种方法是因为意识到，仅仅持有文凭或拥有一定经验并不能保证实践者具备实操能力。正如海洋考古学会所指出的"合格不等于胜任"。能力认证方法与现有的招聘、晋升制度不同，这些制度主要以教育证书和以工作年限或项目执行情况来衡量从业者的能力。事实上，它避免了现有的招聘和晋升制度的弊端，这些制度以牺牲其他类型的知识持有者为代价，对学位持有者给予特权。

1.3 制定《能力框架》的目的

为反映文化遗产背景下瞬息万变的情况和基于能力要适应遗产保护需要的方法，同时着眼于文化遗产职业专业化，联合国教科文组织与若干合作伙伴协商，于2018年启动了《文化遗产管理能力框架》的制定程序。

本《能力框架》主要有3个方面的目的：

· 列出有效、可持续开展文化遗产管理工作所需的各项能力，特别是核心技能和知识。在这方面，本《能力框架》可以视作一份清单，文化遗产从业者可以根据自身需要以及遗产地和组织情况进行选择。

· 推动为文化遗产专业人士设计适合的教育培训方案。

· 建立专业资格认证体系，并最终引入专业认证和许可证制度。

方格3

如何应用《能力框架》？

《能力框架》可以：

· 提供课程设计信息

能力标准可能不能涵盖学习者教育和培训的所有需求，但提示了课程中的关键评估要求。

· 为国家和国际资格评定设定标准

为能力标准设定了一个共用的固定参考指标，使用者可以在此基础上做出等效评估。使用一种通用的方法可以更加方便地做出决策。

· 认可技能

能力标准为各国家或机构之间接受、认可技能和资格水平奠定了良好基础。

· 规划职业发展

能力标准为一个部门内的技能要求设定了参考值。个人从业者可以通过标准规划职业生涯，确定自己能在不同领域的哪些职位和环境中转换知识、技能和专长。

资料来源：国际劳工组织，2016，《区域示范能力标准制定更新指南》，曼谷，国际劳工组织，第ix页。

本《能力框架》适用于参与文化遗产管理的所有从业者：政府官员、文化遗产传承人、当地长者、民间社会组织成员、其他社区成员，以及不同学科的专业技术人士。本《能力框架》也可以应用于文化遗产管理组织体系中，以指导培训需求、能力评估和能力建设。

本《能力框架》能够推动现有文化遗产相关机构和文化遗产管理组织、个人参与者的不断发展。它适用于各种类型的管理体系，从政府主导的体系到共享治理方法（如合作管理委员会），再到国家和省级体系、民间组织实体以及遗产地居民和地方社区的管理。对于后者，本《能力框架》致力于帮助当地社区负责人发挥职能，并对他们长期积累的宝贵经验和知识表示认可。

本《能力框架》旨在帮助各级文化遗产管理组织能力的提高，而不仅仅是世界遗产地的管理。尽管如此，世界遗产地的保护管理往往可以作为良好实践的典范，供其他遗产地借鉴参考。因此，本《能力框架》的初期推广侧重于世界遗产地，帮助缔约国加强对此类具有突出普遍价值遗产地的保护。希望此举能够促进、改进其他国家级或地方级遗产地的管理。

方格4

能力、传统管理体系和专业知识

《能力框架》也为通过传统传承体系与现代学习渠道结合获得此类能力增加了可能性。例如，菲律宾建立了"活态传统学校"以应对传统传承体系的溃散。这座学校位于伊富高，在传承与保护菲律宾科迪勒拉山世界遗产地水稻梯田耕作中的唱诵习俗，发挥了重要作用。年长者参与到技能和知识的传承中，不仅可以达到直接参与保护的目的，还可以增强社会结构的连续性，为文化遗产的延续奠定基础。这种传承链也提醒我们，文化遗产相关知识和技能本质上是鲜活的，每一代人应该不断更新和创造。

在政府主导的文化遗产管理体系背景下，本《能力框架》特别呼吁遗产地管理者要具有与当地负责人和传统守护人合作的能力，并认可和应用他们的知识和技能。

东南亚地区许多国家政府正在修订文化遗产管理法律和制度，以更开放的心态看待遗产地习俗和当地社区的作用，并将延续遗产地习俗和鼓励当地社区参与作为文化遗产管理的核心原则。制定和认可常用的土地所有权和相关管理做法是将这种方法从字面和法律文本转化为实践的一种具体方法。在共同治理体系背景下，当前机构正以更公平的方式在不同的组织和参与者之间实现共享。传统的守护人更有能力与个人或政府同行并共同管理文化遗产，所有参与者都可贡献各自的知识和技能。

本《能力框架》特别强调了社区、权利和知识的重要性。总结认为世界遗产战略目标可概括为"5C"。其中，第5个"C"为"社区"（Communtites），其他4个为："可信度"（Credibility）、"保护"（Conservation）、"能力建设"（Capacity building）和"沟通"（Communication）（世界遗产委员会，2007）。正如《联合国原住民权利宣言》（联合国大会，2007）中所概述，第5个"C"反映了传统知识和习俗，特别是原住民的传统知识和习俗的重要性。

在传统治理体系背景下，本《能力框架》肯定了传统专业知识的重要性，认为传统专业知识是习俗体系中保护文化遗产的重要部分。本《能力框架》侧重于获得承担基本管理职务的实际能力而非学历或官方头衔，从而为拥有相关技能和知识而遭到对其专业知识和权威性的质疑的传统从业者赋予了权利。

1.4 制定本《能力框架》的主要参考

世界自然保护联盟世界保护区委员会编制的《能力清单》是制定《能力框架》的主要参考文件。世界自然保护联盟世界保护区委员会的《能力清单》作为一份基准文件，为世界各地的文化遗产从业者制定了能力标准，适用于国家、省和地方各级部门。

鉴于目前各文化和自然遗产地管理方面的联系日趋紧密，《能力清单》是制定本《能力框架》的重要参考。

本《能力框架》起草者努力确保在以下方面与《能力清单》保持一致：

- 本《能力框架》的整体结构与《能力清单》保持一致。
- 人员能力级别采用相同数目和定义。
- 制定文化遗产管理"核心能力"时，参考应用保护区管理的相关能力。
- 以"管理能力"的形式调整和制定与规划、管理和行政相关的能力，以适应文化遗产管理的要求。
- 保留《能力清单》中所规定的"基本个人能力"。

本《能力框架》亦包含《能力清单》以外的内容：

- 引入"专业技术能力"作为第四项能力。这反映了确定文化遗产管理项下各学科运行所需具体技能和知识的必要性。详细定义各职业（如建筑师、工程师等）的技能和知识，是对核心能力所含技能和知识的补充。

引入这项能力旨在解决整个亚太地区普遍存在的弱项，即很少有人能够获得遗产保护和管理技能及知识所需的专业培训或认证，因此很多人可能不清楚作为文化遗产管理专业人士（如作为保护建筑师而非普通建筑师）需要获得的全部技能和知识。

- 本《能力框架》强调文化遗产的可持续管理。维持文化遗产资源本身的同时，利用文化遗产为更广泛的经济、社会和环境可持续性目标做出贡献。这体现了《2030年可持续发展议程》的原则。因此与可持续性有关的跨领域因素，如遗产的知识应用、复原可行性和风险管理，贯穿了整个《能力框架》。核心能力中引入"可持续发展（SUS）"类别，明确强调了这一层面。

- 联合国教科文组织基于《能力框架》中列出的能力，制定了一套"文化遗产管理专业研究生教育的学术学习成果"。这套学习成果将作为参考，帮助高等教育和培训机构评估现有文化遗产教育计划，从而改进并开发新课程。

方格5 《全球保护区实践者能力清单》

世界自然保护联盟世界保护区委员会的《能力清单》是"保护区和其他保护区管理者、工作者和负责人所需技能、知识和个人能力"的综合目录（阿普尔顿，2016，第i页）。它包含了保护区相关工作中通常需要的300项能力，涵盖了从管理人员到技术工人等参与此项工作的各级从业者。

清单上的能力作为评定遗产保护从业者的重要手段，有助于促进保护区管理职业的发展，进而使自然遗产保护领域的职业标准得到大众认可。专业化旨在"通过有能力的个人和有效的组织加强保护区管理的执行力"（阿普尔顿，2016，第5页）。

《能力清单》规定了以下人员4个级别：

- 1级 技术工人
- 2级 中级管理者、技术专家
- 3级 高级管理者
- 4级 决策者

5级（非技术工人）也被定义，但不包括在《能力清单》中。

这些级别与个人所做的工作类型相符，而不是与工作头衔相符，而且不限于在保护区工作或为政府管理机构工作的员工。

这些人包括在国家政府层面以及在民间社会组织（包括非政府组织和当地社区）工作的员工。

《能力清单》将能力分为3个主要组别，共15类。3个组别为规划、管理和行政，应用保护区管理，通用性个人能力。这些能力反映了保护区工作的典型应用领域。除管理技能和管理知识外，还包括监测等应用技能和知识，以及相关个人能力。这些个人能力包括基本技能（如识字和算术）及反映有效开展此类工作必要态度的"软技能"（如团队合作）。

资料来源：阿普尔顿，2016，《全球保护区实践者能力清单》，格朗，世界自然保护联盟世界保护区委员会，世界自然保护联盟。图书馆系统：《全球保护区实践者能力清单》，https://portals.isucm.org/library/node/46292（于2021年9月28日访问）。

方格5（续）

《能力清单》将规划、管理和行政相关能力分为6类：
- PPP 保护区政策、规划和项目
- ORG 组织领导和发展
- HRM 人力资源管理
- FRM 资金运行和资源管理
- ADR 行政文件和报告
- CAC 沟通与协作

可应用的保护区管理相关能力有7类：
- BIO 保护生物多样性
- LAR 维护法律和法规
- COM 当地社区和文化
- TRP 旅游、娱乐和公共用途
- AWA 意识和教育
- FLD 陆地/水上交通工具和场地维护
- TEC 技术

通用个人能力分为2类：
- FPC 基本个人能力
- APC 高级个人能力

《能力清单》并不是将整套技能和知识标准强加给所有保护区工作人员。相反，从业者可以根据具体需求对清单做出调整。（阿普尔顿，2016）截至目前，《能力清单》已出版4国语言的版本：缅甸语版、英语版、法语版和尼泊尔语版。法语版促进了其在法语国家，特别是非洲法语国家的广泛应用。而加蓬和菲律宾等国家已经据此编制了其国内版本。

圣卢西亚、乌拉圭和越南的保护区管理机构在制定保护区员工工作要求时参考了《能力清单》。《能力清单》同样适用于确定非洲、东欧、中亚、中东地区和越南的能力需求。此外，它还指导整个拉丁美洲、欧洲和澳大利亚及国际巡护员联盟等地区和组织在全球范围内的课程开发。

资料来源：阿普尔顿（Appleton, M. R.），2016，《全球保护区实践者能力清单》，格朗，世界自然保护联盟世界保护区委员会，世界自然保护联盟。图书馆系统：《全球保护区实践者能力清单》，https://portals.iucn.org/library/node/46292（于2020年7月23日访问）。世界自然保护联盟，世界护林日，2020：启动一个新的联盟，以支持世界各地保护和保护区护林员的专业化。https://www.iucn.org/news/protected-areas/202007/world-ranger-day-2020-launch-a-new-alliance-support-professionalisation-rangers-protected-and-conserved-areas-across-world（于2020年7月23日访问）。

起草本《能力框架》参考的另一份重要文件是《世界文化遗产能力建设战略》[世界遗产委员会（WHC），2011]，该文件强调，要提高所有参与文化遗产管理人员的能力。

本《能力框架》的起草还参考了文化遗产保护领域各种能力标准，包括一些地区的标准。这些标准包括美国历史和艺术作品保护协会（2003）和英国海洋考古学会（2009）颁布的执行标准，以及2008年盖蒂保护研究所、联合国教科文组织和东南亚教育部长组织（SEAMEO）考古与美术区域中心召开的董事静修会上定义的核心能力（盖蒂保护研究所，2008）。

同时参考了相关专业和职业所定义的能力，如《建筑师国家能力标准》（AACA，2015）和《苏格兰木匠和细木工职业资格》（SQA，2017）。世界遗产保护能力标准，如《关于东南亚地区保护区就业机会的东盟能力标准》[阿普尔顿、特克松（Texon）和乌里亚尔特（Uriarte），2003]为职业水平和能力组织的构建给予启示。本《能力框架》的起草同样参考了一些能力标准的制定指南，如国际劳工组织发布的指南（国际劳工组织，2016）。

本《能力框架》还参考了联合国教科文组织曼谷办公室开展的两项调查：

· 亚太地区现有文化遗产管理相关的大学课程（2018年5月）。

· 东南亚世界遗产文化遗址管理机构的人员配置现状和能力发展重点（2018年8—9月）。

第一份调查报告分发给亚洲遗产管理学会网络的成员，收到了来自亚太地区17个国家的33份回复。它反映出现实所需技能和知识与该地区高等教育机构现有课程之间的差距。

第二份调查报告旨在了解世界遗产地管理机构工作人员的现有能力与本《能力框架》草案中规定的能力之间的差距。

方格6

《能力框架》和世界文化遗产管理能力建设

2011年，世界遗产委员会第35届会议通过的《世界文化遗产能力建设战略》为《能力框架》的制定提供了总体思路。尽管该战略没有明确使用基于能力的表述方式，但其概述的关键原则为本《能力框架》提供了参考。

该战略标志着两大重要模式的转变：（i）从培训到能力建设的转变；（ii）文化和自然遗产管理能力建设由独立到联系的转变。后者为侧重文化遗产管理的《能力框架》与聚焦自然遗产的《能力清单》之间的紧密结合提供了助力。

该战略旨在确保各方都参与其中，以有能力"保护世界文化遗产和一般文化遗产，并使文化遗产在社区生活中发挥积极作用"（世界遗产委员会，2011，第5页）。

具体而言，其旨在确保：

· 从业者能够更好地保护和管理世界文化遗产。

· 机构能够通过明确的立法和政策为有效的保护和管理提供支持，建立更有效率的行政机构，为文化遗产保护提供资金和人力支持。

· 社区和网络能够意识到文化遗产的重要性，为文化遗产的保护提供支持。

为了展现出这种多层次的能力建设战略，并与《能力清单》保持一致，本《能力框架》旨在确定文化遗产管理机构工作人员所需能力，以及其他专业人士和社区，包括当地政府负责人所需的技能和知识。

本《能力框架》能对目前文化遗产管理领域参与者的能力建设工作进行补充。当前的工作往往侧重于明确人们应该学习的方向，很少具体说明应该获得哪些知识，或工作中应该取得何种实际成效。本《能力框架》将作为设计能力建设和教育计划的基准，规定学习者以及从业人员按标准展开工作并达成目标。

资料来源：世界遗产委员会，2011，《世界文化遗产能力建设战略的介绍和实施》，联合国教科文组织第35 COM 9B号决议，巴黎。

> **方格7**
>
> ## 《能力框架》的思路
>
> 在策划论证本《能力框架》的首次专家会议上，有人提出将文化遗产地的多样性作为界定文化遗产管理相关能力的一个因素考虑。为能够反映文化遗产地类型的多样性和所涉及的专业学科范围，将参与者分为6个领域（建筑文化遗产、考古文化遗产、文化景观、城市保护、物质文化遗产和非物质文化遗产）。会议要求每组专家首先确定管理该类文化遗产所需的关键角色（人员），然后确定各角色的任务，这为确定更大的文化遗产管理功能区奠定了基础。
>
> 专家小组研究的结果表明，不同类型遗址和职能领域需要的职业能力相似，包括研究、编制文件、状况评估、决定并实施保护措施以及监测、评估方面的技能。这套技能反映了与价值导向有关的遗产管理方法的工作流程，该方法由不同领域共享。同时还确定了其他的重要技能，如公众宣传、教育和阐释技能。
>
> 基于这种思维，《能力框架》的初步结构就此形成，包括4个基本能力领域：核心能力、管理能力、个人能力和专业技术能力。核心能力定义为任何背景下从事与文化遗产相关的任何类型的工作所必须具备的能力，包括研究、记录和价值评估的能力，以及其他关键技能。
>
> 作为核心能力的补充，还提出了针对特定类型文化遗产的专业技术能力，例如建筑文化遗产和考古文化遗产等方面的专业技能。根据《能力清单》，还确定了包括财政和行政职能在内的管理能力要求。第4项也就是个人能力，反映出对从事遗产管理工作的态度、软技能和读写能力等基本要求。

来自东南亚7个国家（柬埔寨、印度尼西亚、老挝、马来西亚、菲律宾、泰国和越南）的18个世界遗产地的代表分享了成果。

这两项调查的结果不仅为制定本《能力框架》提供了重要指导，也为东南亚及其他地区打造能力建设战略指明了方向。

制定过程

2018年6月，在曼谷举行的专家会议首次提出本《能力框架》整体结构的概念。东南亚世界遗产地的管理机构代表、能力建设专家、学者、文化遗产专业机构和联合国教科文组织各区域办事处工作人员齐聚一堂，共同制定本《能力框架》的主要内容。

2018年10月，在中国苏州和南京召开的两次会议编写了初稿并进行审查。第一次会议针对世界遗产地管理者、专家和从业者，第二次会议则面向亚太地区开设文化遗产管理相关课程的大学。

会议期间，65人为该框架初稿的修订提供了意见和建议。

第二份草案由文化遗产和能力建设专家、遗产地管理者和教育工作者，以及来自相关区域和国际组织（包括东南亚国家联盟秘书处、国际文化财产保护与修复研究中心、国际古迹遗址理事会、东南亚教育部长组织和联合国教科文组织亚太地区世界遗产培训与研究中心）的代表进行汇编，现已完成了草案的编制并与咨询委员会成员进行了分享。

在本次编制过程中，征求了世界自然保护联盟、国际文化财产保护与修复研究中心、世界文化遗产培训机构和其他遗产培训机构、教育和劳工专家及质量保证专业人士的意见。本《能力框架》在2019年进一步完善，最终形成了当前版本。

在高等教育和培训机构的强烈关注下，联合国教科文组织随后将本《能力框架》的内容转化为针对培养研究生实际能力水平的学习课程，这也是亚太地区文化遗产培训管理计划和课程设置的普遍情况。2019年，该地区的大学开始以该成果作为参考，更新其现有课程并设计新的文化遗产相关课程。联合国教科文组织与亚洲遗产管理学会成员、弗劳恩霍夫协会和智库城市研究所等合作伙伴合作，以本《能力框架》为参考，启动了试点培训和评估机制。本《能力框架》的首次推出形式，包括与选定的世界遗产地进行现场合作、将本《能力框架》用于机构和个人能力的自我评估、编撰能力发展计划和针对性培训。

第2章
《能力框架》概述

本章将阐述《能力框架》的结构以及使用方式。

2.1 结构

本《能力框架》列出了从事文化遗产管理的各类从业者应具备的技能和知识。

四个人员级别

根据《能力清单》（阿普尔顿，2016），《能力框架》确定了文化遗产领域工作人员的4个级别：

1级	技术工人
2级	中级管理者、技术专家
3级	高级管理者
4级	决策者

这些级别不仅包括遗产地管理机构的工作人员，还包括参与文化遗产管理的其他个人，如文化遗产顾问和专家、当地社区负责人、参与保护工作的传统工匠、民间社会组织成员、地方和中央政府官员及私营部门员工。

表1对各人员级别进行了描述，并列出了参与文化遗产管理的相关职位的清单。

能力类型

本《能力框架》列出了4组与文化遗产管理有关的能力：

- **核心能力**
- **管理能力**
- **个人能力**
- **专业技术能力**

表1 各级人员职责及举例说明

级别	职衔	工作范围和责任	职位举例
1级	技术工人	• 完成与文化遗产保护和管理相关的实际任务	• 工匠 • 手工艺人 • 技术人员 • 导游 • 安保人员 • 行政助理 • 技能志愿者
2级	中级管理者、技术专家	• 管理、组织和领导技术部门及团队制订计划和开展项目 • 完成与文化遗产保护和管理相关的具体和复杂的技术任务（根据专业而定）	• 来自文化管理遗产机构、地方行政机构、非政府组织或民间社会组织的项目管理者 • 保护建筑师 • 技术官员 • 教育工作者和讲解人员 • 旅游事务官员 • 行政官员 • 社区推广官员 • 设施经理 • 建筑经理 • 负责保护文化遗产和文化遗产资源的中级人力资源官员 • 保护师 • 景观保护师

（续表）

级别	职衔	工作范围和责任	职位举例
3级	高级管理者	• 指导和管理中等规模的组织 • 在战略框架内规划和管理项目和计划 • 领导并开展复杂的技术性保护工作和文化遗产管理计划（根据专业而定）	• 负责保护文化遗产和文化遗产资源组织的高级管理者 • 负责文化遗产管理的地方政府高级官员，保护委员会、理事会或咨询委员会高级官员 • 传统体系中的资深人士或代表 • 社区或原住民组织年长者 • 当地社区领袖
4级	决策者	• 指导和管理大型组织 • 制定国家和地区政策发展、空间和战略规划 • 从事跨部门协调工作 • 指导复杂的保护性文化遗产管理计划和规划	• 国家或地方文化遗产组织的主任、副主任 • 负责保护文化遗产和文化遗产资源组织的高级决策者（如国家和地方保护委员会、理事会和咨询委员会主席） • 对文化遗产保护感兴趣的国家或国际非政府组织、信托机构或社区团体高级决策者，原住民首领、年长者或高级领袖 • 传统管理系统中的高级领导者

核心能力是机构和个人层面文化遗产实践的核心。这组能力共分为5类：

· 确保法律法规的执行（ALR）

· 遗产政策、原则、程序和伦理（HER）

· 社区、权利和知识（CRK）

· 遗产教育和阐释（HED）

· 可持续发展（SUS）

ALR类包括确保维护和执行影响各级遗产地的法律、法规和权利所需的能力。

HER类包括确保文化遗产专业人士能够在文化遗产管理各方面实施和宣传正确的文化遗产原则、宪章和公约的能力，包括提示该领域的最新进展。

CRK类包括文化遗产从业者践行参与社区活动的承诺，确保文化遗产管理真正具有参与性所需的能力，还包括认可并有实际促进实现当地社区权利的能力。此外，该类别还包括通过将传统知识纳入保护过程和行动中，能够验证传统知识作用所需的能力。

HED类包括通过确保当地的利益相关者、游客、决策者和公众认识遗产地、了解遗产地的用途与价值及遗产地的治理和管理方式，进而培养共同责任感、主人翁意识的能力。

图4 《能力框架》概述

SUS类包含与可持续发展相关的能力，包括符合可持续发展原则、有助于实现可持续发展目标和更深入普及可持续性目标的文化遗产保护和管理实践所需的技能和知识。

管理能力包括管理文化遗产组织、执行计划或举措所需的知识和技能。该组管理能力分为5类：
- 组织治理、遗产规划和战略管理（OPM）
- 人力资源管理（HCM）
- 财务与运营管理（FOM）
- 信息管理与行政（IMA）
- 沟通、合作与协调（CCC）

OPM类中的能力涉及建立和维持并治理、管理好组织，以及为文化遗产保护、规划和管理制定战略框架。HCM、FOM、IMA和CCC类中，能力分别涉及人力资源管理、财务与运营管理、信息管理与行政，以及沟通、合作与协调等方面。

个人能力直接采用了世界自然保护联盟世界保护区委员会《能力清单》中的定义。共分为两类：基本个人能力（FPC）和高级个人能力（APC）。FPC类包括读写能力和数学素养等基本技能，以及与人际关系相关的主要软技能和态度。APC类包括监督、领导和决策所需的技能和态度。

本《能力框架》载列了若干与某些学科相关的专业技术能力，包括人类学、建筑学和建造行业。列举上述学科，旨在说明文化遗产管理专家所需的额外技能和知识，以对其特定职业必需的基础技能和知识进行补充。现代教育和学科背景下理解的"专业人士"和拥有传统技能和知识的实践者均具备这种技术能力。如有需要，可以在本《能力框架》中增加额外的专业技术能力。

各级别的明确共识在于：每一名文化遗产专业人士都需要综合所有能力，以便在各自的岗位上有效发挥作用，并使每个团队以有效和可持续的方式管理遗产地。每一名文化遗产专业人士都应具备符合其对应级别的核心能力、管理能力和个人能力，同时具备某些专业技术能力。具体所需专业技术能力取决于需要管理的文化遗产类型，但不要求个人掌握本《能力框架》中的所有能力。

从整个文化遗产管理组织的角度来看，确保内部或外部参与者（包括专业人士和遗产地负责人）具备一系列能力，能够确保以综合的、多学科的方法管理文化遗产。

并非每个遗产地都要配备上述所有类型的从业者。根据遗产地的类型和文化遗产保护组织的规模，不同类型的从业者可以投身于需要其专业技术能力的领域。在小型组织中，每个人可能需要承担多个领域的工作，因此必须获得多个专业领域的技术能力，身兼数职（如同时作为考古学家、博物馆馆长、教育官员）。某些情况下，组织者可能无须雇用专职且长期的工作人员，而是根据需要引进专家，这些专家可能同时为一个国家或地区的多个遗产地提供服务。

核心能力、管理能力和个人能力中共有12个能力类别。每个类别都包含多种具体能力。本《能力框架》中共有198项能力。

表2列出了核心能力、管理能力和个人能力中每个组别、类别和级别的能力数量。这些能力将在第3章进行详细描述。

方格8

《能力框架》概览

《能力框架》采用了《能力清单》以下4个人员级别：

- 1级　技术工人
- 2级　中级管理者、技术专家
- 3级　高级管理者
- 4级　决策者

本《能力框架》包含12个与文化遗产管理工作相关的能力类别，分为四大主要组别：

- 核心能力
- 管理能力
- 个人能力
- 专业技术能力

核心能力分为以下5类：

- ALR　确保法律法规的执行
- HER　遗产政策、原则、程序和伦理
- CRK　社区、权利和知识
- HED　遗产教育和阐释
- SUS　可持续发展

管理能力分为以下5类：

- OPM　组织治理、遗产规划和战略管理
- HCM　人力资源管理
- FOM　财务与运营管理
- IMA　信息管理与行政
- CCC　沟通、合作与协调

个人能力分为以下两类：

- FPC　基本个人能力
- APC　高级个人能力

本《能力框架》还提供了文化遗产管理多个工作领域的专业技术能力示例，包括建筑学、工程设计和城市规划等。

表2 各类别和级别的能力数量

	类别	能力数量				
	核心能力	1级	2级	3级	4级	总数
ALR	确保法律法规的执行	2	5	4	5	16
HER	遗产政策、原则、程序和伦理	1	3	4	6	14
CRK	社区、权利和知识	3	5	6	4	18
HED	遗产教育和阐释	2	5	5	5	17
SUS	可持续发展	4	6	11	7	28
	小计	12	24	30	27	93
	管理能力	1级	2级	3级	4级	总数
OPM	组织治理、遗产规划和战略管理	–	–	14	8	22
HCM	人力资源管理	2	4	6	3	15
FOM	财务与运营管理	2	6	6	3	17
IMA	信息管理与行政	2	4	4	2	12
CCC	沟通、合作与协调	3	8	3	3	17
	小计	9	22	33	19	83
	个人能力	1级	2级	3级	4级	总数
FPC	基本个人能力				12	12
APC	高级个人能力				10	10
	小计				22	22
	总数					198

2.2 能力表格阐释

本节将阐释第3章中的这些能力。

能力表格首先按组别和级别进行组织,然后分为类别和能力(见表3提供的示例)。这方便了从业者了解与其特定职能相关的能力范围。

表3取自核心能力组别中3级的HER类别(遗产政策、原则、程序和伦理)。

该表从上到下依次将介绍:

- **相关能力组别**(即核心能力)
- **适用人员级别**(即3级,高级管理者)
- **类别和字母类别代码**[即遗产政策、原则、程序和伦理(HER)]

类别名称下方的句子阐述了**该类别的总体目标**(即在文化遗产管理过程中的各个阶段纳入并执行文化遗产原则、宪章和公约)。

左侧"**基本能力**"一栏描述了该特定类别的级别人员应具备的总体能力。在本例中,3级HER类别(HER 3)应具备的总体能力为:能在遗产地层面协调以价值为本的文化遗产保护体系。

右侧一栏载列了"**具备一般专业知识,了解一般工作内容**"。该知识是此类别和级别人员所需能力的基本要求。

表3 能力表格示例

核心能力	
3级	高级管理者

遗产政策、原则、程序和伦理(HER)	
在文化遗产管理过程中的各个阶段纳入并执行文化遗产原则、宪章和公约。	
基本能力	具备一般专业知识,了解一般工作内容
HER 3 能在遗产地层面协调运用以价值为本的文化遗产保护体系。	• 了解关于文化遗产的国际公约和宪章。 • 深入了解通用及特定学科的文化遗产原则和宪章。 • 了解基于文物价值的保护程序的法律和组织要求。 • 了解基于文物价值的保护原则和概念。 • 了解各公约规定的缔约国义务。 • 了解相关的最佳实践经验和公约。 • 了解将传统知识体系纳入文化遗产管理政策和程序的最佳国际实践经验。

表4列出了3级HER类别下的4项能力：HER3.1、HER3.2、HER3.3和HER3.4。

左侧一栏为能力描述，即"应具备的个人能力"。

右侧一栏为每种能力所需的知识。除了表3中列出的应"具备一般专业知识，了解一般工作内容"外，该栏还描述了每种能力所要求具备的特定的基本知识。

表4 能力描述示例

能力描述 应具备的个人能力		要求具备的主要知识
HER 3.1	能在遗产地层面的实践中遵守以价值为本的保护政策和准则。	• 了解参与执行和监督公约履行的国内外机构的职责。 • 了解《世界遗产公约》操作指南的要求。 • 了解人权原则。
HER 3.2	能在遗产地层面协调公约的实施。	• 了解参与执行和监督公约履行的国内外机构的职责。 • 了解《世界遗产公约》操作指南的要求。
HER 3.3	能评估项目方案是否符合文化遗产管理的原则和公约要求。	• 了解规划、开发、文化遗产及其相关问题的国家、地区政策和法规。 • 了解《世界遗产公约》操作指南的要求。 • 了解组织机构使用的工作记录系统。 • 了解文化遗产机构使用的监测和报告系统。
HER 3.4	能在遗产地层面制定管理和监测文化遗产保护的制度和程序。	• 掌握参与式的决策方法。 • 从遗产地层面了解现存文化遗产管理的传统知识体系。 • 了解组织机构使用的工作记录系统。 • 了解文化遗产机构使用的监测和报告系统。

表5概述了所有能力类别和各人员级别的能力描述。

表5 各类别和级别基本能力

核心能力	运用基本技能管理文化遗产	各类别和级别的通用能力			
		1级 技术工人	2级 中级管理者、技术专家	3级 高级管理者	4级 决策者
类别	整体职能	应具备的个人能力			
ALR 确保法律法规的执行	确保影响各级遗产地的法律、法规和权利得到维护和执行。	ALR 1.能开展受监督的防范、执法与其他合规活动。	ALR 2.能规划、管理并监测执法活动,防止违法行为并遵守遗产地的规定。	ALR 3.能指导制定和实施有关法律更新、执行以及合规的防止违法的方案。	ALR 4.能建立健全政策框架,以实施国际和地方文化遗产法,并制定、应用与执行此类法律。
HER 遗产政策、原则、程序和伦理	在文化遗产管理过程中的各个阶段纳入并执行文化遗产原则、宪章和公约。	HER 1.能按照以价值为本的既定准则和程序执行保护工作。	HER 2.能规划、管理并监测以价值为本的保护项目。	HER 3.能在遗产地层面协调运用以价值为本的文化遗产保护体系。	HER 4.能将文化遗产原则和公约纳入国家和地方层面文化遗产保护体系。
CRK 社区、权利和知识	确保实现遗产地社区的权利,并将传统知识纳入保护程序和保护行动。	CRK 1.能以尊重的态度与遗产地社区互动。	CRK 2.能在遗产地层面应用基于权利且合乎伦理的文化遗产保护方法。	CRK 3.能确保项目的规划和执行纳入人权和伦理准则并能整合传统知识。	CRK 4.能确保文化遗产保护的决策和活动符合人权原则,并能确保权利问题和不平等现象得到充分解决。
HED 遗产教育和阐释	确保遗产地的利益相关者、游客、决策者和广大公众了解遗产地、遗产地的用途与价值,以及遗产地的治理和管理方式。	HED 1.能为教育和阐释课程的实施做出贡献。	HED 2.能制定并实施遗产地层面的教育及阐释课程。	HED 3.能指导制定和实施遗产地层面的教育和阐释课程。	HED 4.能在国家和地方各级开展教学及阐释课程。
SUS 可持续发展	确保文化遗产保护和管理符合可持续发展原则,为实现可持续发展目标做出贡献。	SUS 1.能遵循可持续发展标准和原则执行指定任务。	SUS 2.能设计、实施、监测并评估遗产地层面的可持续发展方案。	SUS 3.能确保在遗址上规划和实施的项目符合可持续发展原则。	SUS 4.能将文化遗产纳入国家可持续发展战略。

（续表）

管理能力	确保有效、高效和公平地治理和管理	各类别和级别的通用能力			
		1级 技术工人	2级 中级管理者、技术专家	3级 高级管理者	4级 决策者
类别	整体职能	应具备的个人能力			
OPM 组织治理、遗产规划和战略管理	成立、治理、管理与领导组织，使其能够良好地运营，为文化遗产保护、规划和管理提供战略框架。	不适用。	不适用。	OPM 3.能为文化遗产组织或传统文化遗产管理体系提供战略方针，有效地推动其发展，能为战略、计划和项目的制定和实施提供指导，进而实现文化遗产保护和管理目标。	OPM 4.促进建立、发展组织结构和系统，以实现有效和公平的遗产治理、保护、规划和管理。
HCM 人力资源管理	建立一支人员充足、有能力、管理良好，并可提供支持的工作队伍，以更好地保护和管理文化遗产。	HCM 1.能督导小型工作团队完成特定任务。	HCM 2.能领导和支持开展保护工作的团队和个人。	HCM3.确保有充足且具备一定工作能力、管理良好、有领导能力、工作积极的人力投入到关于文化遗产地和文化遗产资源的工作中。	HCM 4.确保整个系统拥有数量充足、能力胜任、资源充足且得到资金支持的劳动力。
FOM 财务与运营管理	确保遗产地和遗产组织获得充足的资金和资源，并有效与高效地部署使用资源。	FOM 1.能负责为特定活动管理资金和资源。	FOM 2.能管理、监督和负责文化遗产组织管理所需的资金和其他资源。	FOM 3.能界定、管理文化遗产地所需的财力和物力，并确保这些资源得到有效利用。	FOM 4.使整个遗产保护系统能够获得充足的物质和财政支持，并确保这些资源得到有效和高效的利用。
IMA 信息管理与行政	建立和实施信息管理、文件归档和报告程序。	IMA 1.能遵照组织的要求做好基本工作记录。	IMA 2.能遵照规定程序编制有关管理活动的归档文件并确保其准确无误。	IMA 3.确保为遗产组织建立一个全面的行政文件和报告系统。	IMA 4.能在整个遗产系统中建立全面的行政监测、报告和记录系统。
CCC 沟通、合作与协调	发展与应用有效沟通和协调所需的技能。	CCC 1.能与同事、利益相关者及访客进行有效沟通。	CCC 2.能使用适当的沟通技巧，借助媒体与他人进行正式和非正式沟通。	CCC 3.能在文化遗产组织内部和外部进行有效沟通。	CCC 4.能在高层互动中进行有效沟通。

(续表)

个人能力	具备文化遗产领域工作所需的个人技能和行为	各类别和级别的通用能力			
		1级 技术工人	2级 中级管理者、技术专家	3级 高级管理者	4级 决策者

类别	整体职能	应具备的个人能力
FPC 基本个人能力	具备基本个人能力。	日常工作所需的基本个人技能和行为（适用于所有级别）。
APC 高级个人能力	具备高级个人能力。	有效表现和发挥领导力作用所需的个人技能和行为（可适用于所有级别，更适用于2级到4级人员）。

专业技术能力	应用文化遗产管理的专业技术技能	相关学科通用能力			
		1级 技术工人	2级 中级管理者、技术专家	3级 高级管理者	4级 决策者

类别	相关学科通用能力	
人类学	能对社区相关的研究、保护、外联和发展活动实施工作进行规划、管理和监测，尤其是在现存的文化遗产地。	
建筑学	能对建筑遗产评估、保护、管理、监测和维护等相关项目和活动进行规划、管理与追踪。	
其他专业技术能力在第3章进行了描述 示例包括：建造行业、发展规划、工程设计、景观建筑、材料保护、博物馆学和城市规划。		

2.3 本《能力框架》的适用对象

本《能力框架》适用于以下对象：
- 文化遗产管理组织。
- 文化遗产管理从业者、文化遗产保护专业人员和当地负责人。
- 教育和培训机构。

文化遗产管理组织

文化遗产管理组织可通过以下方式应用本《能力框架》：
- 选择与参与者工作相关的能力。
- 将《能力框架》作为基准来评估整体表现并找到差距。
- 制定人力资源战略。
- 规划或调整人员配置。
- 制定能力建构战略或计划。
- 评估员工的绩效。
- 支持员工的能力发展和职务晋升。
- 激励员工，让他们更清楚地了解职业发展路径和要求。
- 对现有员工进行技能提升或重新评价。
- 确定是否需要招聘新员工或外部兼职人员。
- 协助进行职位描述及制定职责范围。

文化遗产管理组织可以使用本《能力框架》作为参考，以确定正确行使其职能所需的能力范围。如前所述，任何一个组织都不可能，也没必要兼备本《能力框架》中涵盖的所有能力。相反，每个组织都需要根据自身情况选择最相关的能力。遗产地的类型、发展环境、组织的使命，以及参与遗产地管理的人员不同，所需的能力也不同。

图5 《能力框架》的三大主要用户群

方格9

个人能力和组织执行力

文化遗产管理组织的执行力并非只是整个组织内个人能力的总和。拥有合格的实践者只是提高管理效率的一个组成部分。就特定的组织或机构而言，还有其他许多因素发挥决定性的作用。

这些促成因素可能包括：来自决策者的支持；充足的财政资源和设备、技术资源；适用的政策、法律和法规。因此，拥有合格且技能娴熟的工作人员可以被视作组织执行的必要条件，而不是充分条件。故此，对培训和构建个人能力的投资并不能自动转化为文化遗产管理组织履行其必要职能的能力。新培训的员工回到自己的组织后，无法充分运用其新技能和新知识，正好证明了这一点。

但是，能力与管理结果密不可分。广泛使用的保护区管理效率跟踪工具（METT）数据显示，娴熟的员工技能与较高的METT得分有关（阿普尔顿，2016，第31页）。

一旦选择好能力，可以由机构组织的全体员工，以及外部的文化遗产保护专业人员、当地的管理人员和隶属管理系统的其他人员来提供所需的能力。许多所需的能力可能在系统内已存在；其他能力是机构向往拥有的，代表着机构进一步发展自身的目标，尤其是在新出现的管理挑战的背景下，这些挑战在组织成立或上次重组时可能并不明显。

一旦确定了所需的能力，文化遗产管理组织也可以利用《能力框架》来评估其所需各种能力的总体执行表现。这一评估过程可以让各组织确定其工作人员和附属机构的执行者找出其文化遗产管理工作成果方面的优势、差距和不足。

组织可以通过重新设计其人力资源战略、规划最佳人员配置结构或调整现有人员配置结构等方式，开发其人力资源，以确保团队具备所需能力。

随后，组织可以制定能力构建战略或计划，为员工弥补缺失的能力，并增强员工的主要参与性。与使用临时性的方法不同，有了这种战略，各组织在进行能力构建时就可以考虑到一系列明确的人员发展目标。这有助于确保各组织得以采用全面管理文化遗产地的方式构建能力。制定能力构建战略也有助于规划预算，以及决定人员配置。组织还可以借此机会评估哪些能力是必需的，哪些能力可以从外部获取。

方格10

世界遗产地管理机构职能多样化

对于东南亚的大多数世界文化遗产地而言,文化遗产管理机构在人员数量上要密集得多,但所有的世界文化遗产地都面临着各种各样的复杂问题,因此它们都需要具备管理此类问题能力的工作人员。

虽然规模较大或资金充裕的文化遗产管理机构可以拥有数量众多且专业的工作人员和顾问,但在面临预算和人员限制的情况下,文化遗产组织如何涵盖本框架中所建议的一系列能力?

马来西亚的乔治市世界文化遗产机构(George Town World Heritage Incorporated)就是一个范例。这个机构规模相对较小,却已成功地构建了多样化的职能。该机构拥有30名员工,拥有一个历史名城遗产保护应具备的核心职能,这些员工包括建筑环境和监测官员、城市规划师和保护建筑师。同时,该机构也有员工负责与社区沟通、非物质文化遗产保护、藏品管理和可持续发展相关的职能。

最近的自然灾害促使该机构加强了文物保护和灾害风险管理方面的能力。该机构通过与社区、市镇、州和联邦一级的其他组织合作,还汲取了在需要时与其他组织互补的知识和技能。

乔治市的案例表明,能力的多样性并不会受到机构规模大小的严格限制。无论规模大小,对人力资源状况和能力的开发(包括内部和外部)采取响应式的方法,可以使文化遗产组织确保具备必需的能力来满足遗产地管理的各种要求。

由于遗产管理组织结构、任务和采购系统较难改进,许多文化遗产机构可能不够灵活,但本《能力框架》可以帮助这些组织和工作人员确定基本能力,并采取相应的措施来调整人员配置。

文化遗产管理组织还发现,《能力框架》在基于对各级工作人员定义的能力,以及对工作人员的执行力进行年度考核时十分有效。另一应用范围是员工的事业发展和职务晋升,尤其是当员工转换到一个可能需要更高级技能和更广泛知识时(比如从初级馆长晋升为高级馆长),或当员工从纯粹的技术职能转到管理职能时(比如从保护员转为保护部门主管)。本《能力框架》可以让员工更清楚地了解自己的职业发展路径,这有助于激励员工,鼓励他们不断发展自身的技能和知识。它还可以指导工作人员更高效地将关键知识和技能传授给他们的继任者或同事。

如果现有的人员配置结构中存在能力差距,机构可能需要对现有的某些工作人员进行技能提升或重新评价,以弥补其缺失的能力。

方格11

组织内能力转变

——老挝瓦普寺世界遗产地办公室案例

针对世界遗产委员会提出的关于世界文化遗产瓦普寺和占巴塞文化景观内相关古代聚落文化景观的压力问题,遗址办公室重组了其人员结构,更加重视景观管理和城市发展。该办事处设立了城市环境和景观部,并招聘了新的工作人员。

这些工作人员接受了使用地理信息系统、制图和城市规划技能方面的在职培训。在起草该地新的《文化景观总体规划》时,这些训练有素的工作人员发挥了至关重要的作用。

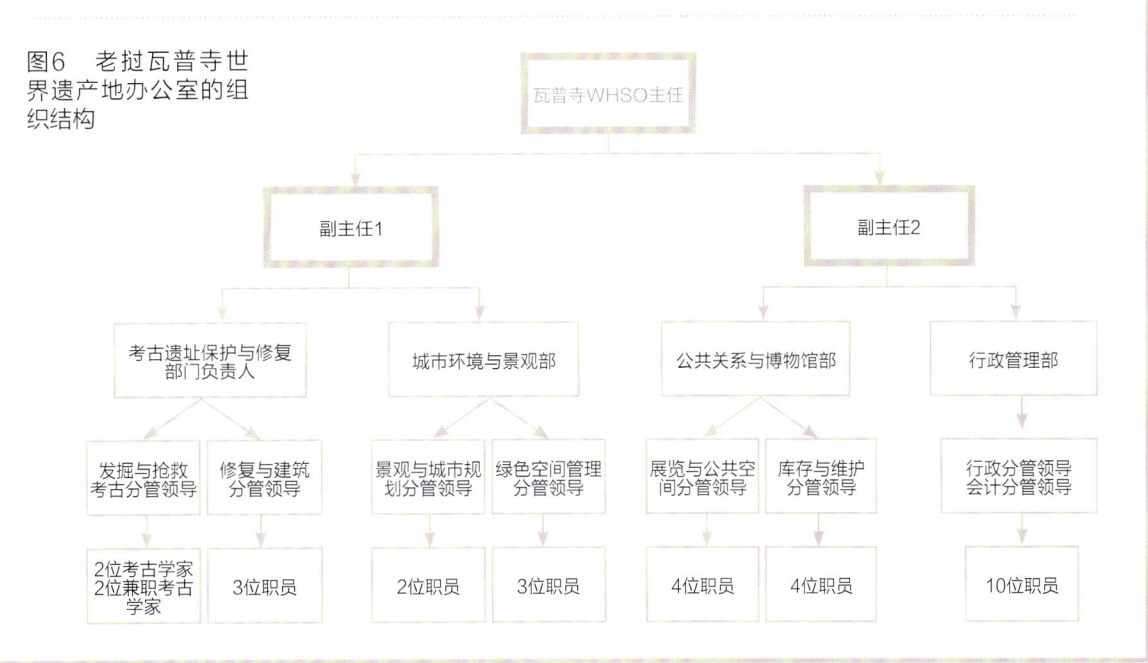

图6 老挝瓦普寺世界遗产地办公室的组织结构

这可以通过为员工提供内部或外部培训教育来实现。例如，负责审查建筑许可证和城市发展管控的工作人员可能已经具备与建筑或城市设计相关的专业技术能力，但可能缺乏与社区群体打交道的某些核心能力，如谈判和引导技能。获得这种能力对他们个人的工作和整个组织都大有益处。

按照设想，各组织应设法让长期工作的员工和接受过专业培训教育的员工在其岗位上合理留任一段时间，以便他们将自己的知识和技能传授给继任者或同事，从而确保各项能力在该组织内长期留存。

机构可以选择招聘兼职员工或外聘人员来提供缺失的技能和知识。例如，许多文化遗产地管理机构没有配备员工来处理与可持续发展有关的环境和社会问题，而现在人们越发认识到这一问题的重要性，特别是在气候变化和其他挑战严峻的背景下。同样，人们越来越认识到传统知识在文化遗产领域的核心地位，而这要求文化遗产管理机构确保传统管理员能充分参与到文化遗产管理工作中。

在招聘额外的员工时，文化遗产管理组织可能会发现，在制定职位描述和职责范围（TOR）时，参考本《能力框架》十分有效。这可以确保能以灵活而稳定的方式安排此类工作。在招聘过程中，可能会要求应聘人展示他们以往的成就或其与既定基准相一致的能力。在这种体制下，选定的能力也可用于工作人员的绩效评估、制订培训计划和职业发展规划。

文化遗产管理从业者、文化遗产保护专业人员和当地负责人

本《能力框架》也适用于个人，包括文化遗产管理从业者、文化遗产保护专业人员和当地负责人。当地负责人可能是通常意义上的管理人员，也可能隶属于民间社会组织，比如文化遗产信托机构。

任何一个人都不一定要掌握本《能力框架》

方格12

先前学习认定

如果能够证明自己具备某职位所需的能力，他们就有资格申请该职位。这也有助于他们与组织进行协商，以获得组织对其能力的认可。

这对当地的文化遗产管理人员和建筑工人等熟练技工而言格外重要，他们可能拥有丰富的专业知识，但或许缺乏正规学校的教育证书。

通过强调能力而非资格（学位或证书），本《能力框架》可以用来认定文化遗产工作者的经验和能力。即使某人可能没有获得正式学位，他们也可通过其他渠道（如在职学习、高层同事的指导和非正式学习）获取必要的技能和知识。

中包含的所有能力，而是应该根据个人的工作类型和水平，从本框架中选择相应能力。

对个人而言，本框架适用于以下情况：

· 用于自我评估。
· 确定合适的学习机会。
· 规划职业道路。
· 作为认定以前学习的参考。
· 促进跨境流动。
· 作为职业认证的参考。

文化遗产从业者可使用本《能力框架》进行自我评估。本框架有助于他们确定自己在技能和知识方面的优势、劣势及可能存在的差距。根据这种自我评估，个人可以采用更具针对性的方式确定适宜的学习机会。这可能是在其工作场所进行内部培训的方式，即通过自定进度的学习、职业中期培训或参加正式的学位课程实现。

本《能力框架》横跨4级，从技术工人、技术专家、管理者到决策者，寻求监督或管理相关职位的个人可以利用此框架来规划他们的职业道路。对于这些人而言，查阅本《能力框架》以确定第3级别职位所需的能力，特别是与领导与监督有关的管理能力和高级个人能力。同样，此框架对新晋升的个人也有益处，可以确保他们具备履行最新的监督和管理职务所需的所有技能。

将本《能力框架》作为一个共同的标准，可以促进文化遗产从业者的跨境流动。通过参考此类共同标准，有能力在选定领域施展拳脚的个人，同样可以在其他国家或地区任职。这一点目前在东南亚地区意义重大。在东盟经济共同体（AEC）的支持下，其成员国加深了世界遗产领域一体化，试图"将东盟转变为一个实现商品、服务、投资、熟练工种与资本自由流动的地区"（东盟，2007）。此外，通过引入双边互认协议，使工人的技能、经验和认证在整个东盟地区得到承认，并使其能在另一个国家或地区工作，让工人得以享有更大范围的流动。目前在与文化遗产相关的两项职业（建筑和工程）中已经设立了双边互认协议。

通过与在国家和地区范围内运作的专业认证机构的合作，本《能力框架》可用于文化遗产从业者的职业认证。这就像医生或律师等专业人士在执业前要通过专业机构的认证一样，经常与具有国家性或全球性意义的物质文化遗产打交道的文化遗产从业者也可以得到认证。在东南亚，本《能力框架》可以提供一个统一的标准，根据此标准可以颁发认证书或调整国家认证制度，以增强劳动力的流动性。

教育和培训机构

本《能力框架》是教育和培训机构的重要参考，其用途如下：

· 设计新的教育和培训课程
· 对现有课程进行审查
· 作为认定以前学习即入学要求的参考
· 对学习者进行考核
· 促进学生流动

亚太地区的许多教育和培训机构已经注意到，其毕业生在学习期间所获的能力与现实中雇主所要求的实际能力之间存在差距。文化遗产相关工作领域也存在这种现象。文化遗产领域的情况尤其棘手，因为该地区的许多国家缺乏适用于文化遗产专业人员的专门教育和培训课程。例如，很少有建筑学院提供保护建筑遗产或当地传统建筑的专业学位或证书的课程。文化遗产教育和培训课程的匮乏使得毕业生难以满足此项工作的需求。即便如此，在过去的10年里，随着人们对文化遗产兴趣的增加，教育和培训机构开始开设更多与文化遗产专业相关的课程。本《能力框架》可以用来确保这些短期课程、高校教育课程能适应文化遗产专业的需要，这将改善毕业生的职业前景，增强此类教育和培训课程的长期可行性。这也将有助于改善本地区的文化遗产地管理状况。

方格13

文化遗产管理专业研究生教育的学术学习成果

通过为毕业生打造所需能力（知识、技能和态度）的坚实基础，联合国教科文组织制定的《文化遗产管理专业研究生教育的学术学习成果》（以下简称《学习成果》）将帮助高等教育机构更好地培养该领域的毕业生。这将确保毕业生能更好地满足行业需求，从而拓展他们的职业前景，提升其工作能力，并有助于改善文化遗产的管理。

《学习成果》可以看作是高等教育机构在课程设置方面的学习参考。但此类课程可能无法纳入所有的学习成果，而且在实现此类学习成果的不同课程数量和性质上可能各有不同。起草《学习成果》时采用了布卢姆分类法及知识、技能和态度模型。因此，该文件从分类学，以及知识、技能和态度类别中确定了合适的实操方式。

根据《高等教育资格认定全球公约》（联合国教科文组织，2019a）的精神，《学习成果》可以促进学生的流动。在日益全球化的学习环境中，《学习成果》有助于在调整国家职业资格框架时，特别是学科层面，确定其关键内容。这样一来，《学习成果》就为不同课程（尤其是跨境课程）的比较和认定提供了重要的依据。

通过在学科层面的运作，《学习成果》补充了更宽泛的通用框架，如东盟资格参考框架（2015），该框架能对东盟成员国的教育资格进行比较。

联合国教科文组织认识到这一领域的指导需求，将《能力框架》的核心能力和管理能力转化为一套《学习成果》。这些学习成果专为硕士研究生设计，因为亚太地区大多数旨在培养文化遗产管理专业人才的课程都在硕士学位级别开设。《学习成果》具体内容见第4章。

我们鼓励教育和培训机构在审查现有课程、设计新课程和评估学生时使用本《能力框架》和《学习成果》。

各机构可以利用本《能力框架》和《学习成果》来评估现有课程，以此作为既定质量保证程序的一部分。许多机构都会对其课程进行定期审查；一些机构会向同行及在职校友征求意见，以确保其课程内容紧跟时代，并且符合市场需求。参照联合国教科文组织的《亚太地区学科水平资格框架实施指南（2020）》，鼓励教育机构在4个方面实现质量保证：学术课程规划、设计、交付和评估；学生选择和学习支持服务；学术人员和课程管理；学生的成功和持续质量改进。

正在（针对职前或职业生涯中期的文化遗产专业人员）设计新课程的培训机构可将《能力框架》作为认定培训结果、制定课程和开发教学内容的指南。对于教育机构而言，该《学习成果》是适宜的参考，特别是在研发新的研究生教学课程时。

本《能力框架》也可用于确定申请人是否具备所需能力的先决条件。这与上文讨论的以前学位认定的概念有关，并不要求申请者以学位或其他正式证书的形式证明其能力或资历，而是要求申请者展现能证明其能力的文件。在某些国家，如马来西亚，通过能力测试、展示作品集和面试并进行评估后，申请人即可接受研究生教育。

为确保学习者能获得各种能力所代表的必要技能和知识，教育和培训机构应考虑使用以能力为本的方法来评价学习者。本《能力框架》中定义的能力和学习成果可以作为一种参考，以确定学习者是否已经获得了相应的技能和知识，为他们在未来工作过程中不断积累更多知识打下坚实基础。

2.4 开展评估

如上所述，本《能力框架》可用于评估的内容包括：

· 通过外部评价或自我评价对文化遗产管理机构进行评估。

· 通过自我评价或由其主管、同事、教育工作者下属、外部评估员进行评价，对个人（从业者和学生）进行评价。

由于能力最终体现在从业者个人身上，此处讨论的大多数评估方式主要涉及个人。尽管如此，一个组织的员工和附属机构（就外部专业人员或当地负责人而言）的综合能力，很大程度上决定了该组织能够作为一个整体有效承担其各种职能的能力。

方格14

评估能力和人员配置：《能力框架》和"遗产提升工具包"

目前仍在更新的"遗产提升工具包"（联合国教科文组织世界遗产中心，2008）为评估世界文化遗产地的管理效率提供了参考。值得一提的是，该工具包有助于评估遗产地管理系统的关键要素，即确定价值、明确影响遗产地的因素、采用得当的管理程序，并确保为高效执行管理和保护提供充足资源，以便了解哪些工作卓有成效，哪些工作仍需改进。工具包中的工具7可指导遗产地管理人员将高效管理遗产地所需的资源与实际可用的资源进行比较。这一方法使管理人员能够确定人员、资金和设备方面的差距。遗产地管理人员可通过内部培训和外部招聘来解决人员不足的问题，并且可以通过资源调动和预算规划来增加资金。

工具7的组成部分，即人员配置评估，着眼于各类工作人员（管理人员、社区联络员等）的数量，以及工种类别（全职与兼职工人、临时工等）和地点（遗产地或办公室）的数量。

每个类别中受过培训的工作人员比例及其培训水平（估计经培训达到"足以开展所需活动的水平"的工作人员的比例）。

"遗产提升工具包"中的工具7和本《能力框架》均关注人员配置是否与文化遗产地有效管理相关任务的执行要求相一致。工具7提供了各类人员配置的简要说明，并确定了人员配置在数量和培训水平方面是否得当的标准。而本《能力框架》则侧重于通过所需技能和知识评估工作人员的能力（而不是用培训替代基本工作执行能力），这些能力可通过培训或其他渠道获得，包括在职学习。

工具7可作为各组织机构使用本《能力框架》进行评估的补充。通过使用工具7和本《能力框架》评估其人员配置情况，遗产地管理人员可以深入了解其人力资源状况是否合理，并能够以系统化的方式规划改善此类资源，以此作为整个管理系统规划过程的一部分。该评估应考虑所有的人力资源，而不单单只考虑文化遗产管理机构的工作人员和承包商。所需的能力也可能由外部专家、当地负责人和其他人员贡献，因此也应当对这些人力资源进行评估。

在此将介绍两种类型的评估方式：快速评估和详细评估。

快速评估

关于快速评估，此处从《能力清单》中列出了两个主要方面：

- 能力的相关性。
- 能力水平（由个人或其主管、同事、教育工作者、下属或外部评估员进行判断）。个人可以进行快速的自我评估，然后将此类自我评估与诸如主管、同事、下属和外部评估员的评估进行比较，以获得对个人能力的全面看法。

由于这种评估方法基于主观判断，它要求进行评估或自我评估的个人提供尽量真实的材料，特别是在判断感知能力水平的方面。

表6提供了一个能力评估表的示例，其中包含一个对能力的相关性和能力水平进行评分的系统。

能力相关性和能力水平的评分均应独立进行，二者之间没有关联。

运用这种矩阵方法，在发现能力高度相关但个人在该领域能力水平较低时，个人或管理者应优先考虑针对该领域所需的能力进行培训或进行其他形式的技能拓展（见表7中的绿色阴影区域）。反之，对于低相关性的能力，在能力构建方面应较少或不进行投资。

> **方格15**
>
> ## 能力评估方法
>
> 世界自然保护联盟世界保护区委员会的《能力清单》列举了各种可用于评估个人能力的技巧。
>
> 其中包括：
>
> - 实际测试、观察和模拟。申请人可在现实生活或模拟情境下执行任务。
> - 辅助性知识的展示。申请人在完成任务的过程中展示其具备所需知识。
> - 来自他人（主管、监督人员、活动参与者、利益相关者等）的反馈。
> - 关于知识理解的口头或书面测试。
> - 正式的外部评估（如审计报告、急救测试）。
> - 完成指定的书面程序（如完成现场笔试、撰写拨款建议或起草管理计划）。
> - 关于先前资格和经验的认可。
> - 已完成工作样本的合集。
> - 一次面试。
>
> 这些技巧可单独使用，也可结合使用。
>
> 资料来源：阿普尔顿，2016。《能力清单》，格朗，世界自然保护联盟世界保护区委员会，第16页。

详细评估

详细评估可采用多种技术组合进行。方格15列出了其中的一些方法。

目前广泛采用的学历导向的聘用和晋升制度都是基于先前的培训证明和学历水平，但与此不同的是，以能力为本的方法通常要求个人通过实际履行其工作职能来证明其能力。

表6　能力快速评估表和评分等级示例

能力说明			
	应具备的个人能力	相关性（+，0或−）	能力级别（从1—4）
CRK 4.1	能确保所有的文化遗产管理政策、监管框架和程序都尊重当地社区的权利，并且可以整合传统知识体系。	+ （这项工作所需的基础能力）	4 （具备较高的能力水平，且能指导他人完成工作）
CRK 4.2	能确保所有政策和项目都有助于充分实现当地社区的权利。	+ （这项工作所需的基础能力）	3 （具备良好的能力水平）
CRK 4.3	能确保所有的文化遗产管理实践都遵循伦理实践的原则。	0 （这项能力与部分本职工作相关，但并不常用）	2 （具备基础的能力水平）
CRK 4.4	能使当地社区正式参与遗产地的制度化管理，并能整合传统知识体系。	− （并非这项工作所需的基础能力）	1 （能力不足或不具备相应能力）

表7　确定优先进行培训和技能发展的领域

+ 相关性 −	相关性高但能力水平低 （优先进行培训和技能发展的领域）	相关性高且能力水平高 （无须培训或技能发展）
	相关性低且能力水平低 （无须优先进行培训或技能发展的领域）	相关性低但能力水平高 （无须培训或技能发展）
	1　　　　　　　　　　　　　　能力水平　　　　　　　　　　　　　　4	

但是，评估的手段可能会根据所考察的能力类型而有所不同。例如，评估操作技能的最佳方法可能是通过进行实际测试和模拟（尤其在1级和2级）。与之类似，技术知识也可通过测试来确定。但是，与战略规划或管理相关的技能水平最好通过面试来测试。例如，可通过各种基于情境实例的问题进行测试。

在需通过评估获得正式认证的前提下，可能需要经认证的评估员进行评估。如西印度洋—海洋保护区专业人员认证（WIO-COMPAS）项目就符合这种情况。该项目招募独立专家根据规定的能力进行评估，所有能力的得分必须达到满分的70%，并以此作为申请人通过认证的标准。评估员必须符合资格要求，且需要接受培训。

评估员必须在该领域和进行监测和评估方面具备恰当的经验，最好事先接触过工作场所的技能评估。评估员还必须展现公平性、正确性、可靠性和务实性。

西印度洋—海洋保护区专业人员认证项目要求申请人提供以前的工作成果资料合集，包括他们独立撰写或合作撰写的文件，以及他们参与活动的证明和来自其主管、同事及其他人的推荐信（CRC 和 WIOMSA，2012，第 10 页）。通过这种方式，就能以均衡且稳定的方式评估申请人的工作经验及其工作所需的各种能力。

2.5 后续步骤

在文化遗产领域，本《能力框架》提出了一种不同于其他能力构建的方法，它采用的方式已在自然、文化遗产管理和其他职业领域大获成功。本框架为遗址管理人员、文化遗产组织和其他实践者提供了指导，以此评估他们的技能，找出需要弥补的差距，从而提升他们的能力。它也可以应用于个人，包括学生、专业人士和决策者。此外，对于那些不在文化遗产部门工作，但可能参与制定或实施文化遗产政策、计划和项目的专业人员或工作人员（如在城市拥有文化遗产资产的市政工作人员）而言，本《能力框架》也是一个有效的参考。本《能力框架》提供了一个评估机构能力的共同标准。凭借这一有效的方式，可以采用以结果为导向的方式来调整教育和培训课程。

在遗产研究和实践中所看到的全球文化遗产遭到破坏和随之而来的变化的背景下，本《能力框架》突出了更密切合作的重要性，具有重要价值。本《能力框架》可以提升各类专业和教育资格框架的协调性，以全面增强各方面文化遗产管理的能力。

本《能力框架》可以在遗产地层面、省级层面、国家层面和国际层面被采纳和应用。在遗产地层面，通过如上文所述的各种方式，它可以作为增强个人和机构能力的指导。以世界文化遗产地机构作为起点，我们鼓励其使用上述内容中（表 6）提供的矩阵，根据本《能力框架》对其人员进行快速评估，进而相应地调整其人员配置和培训计划。由于世界文化遗产地是各国文化遗产管理的代表，世界文化遗产地机构尽早采用本《能力框架》，可以激励其他文化遗产地效仿。

在国家层面，本《能力框架》将有助于促使目前尚未得到正式承认的文化遗产相关职业实现专业化。本《能力框架》可以帮助国家文化遗产机构为本国各类文化遗产地和文化遗产组织的人员建立明确的执行标准。它还可用于制订针对内部人员或附属机构的培训计划。

除公共部门人员外，该《能力框架》还可为与文化遗产有关的专业人员（如保护建筑师和石匠）制定正式的职业标准和资格制度提供参考。

图7　使用《能力框架》进行评估选项

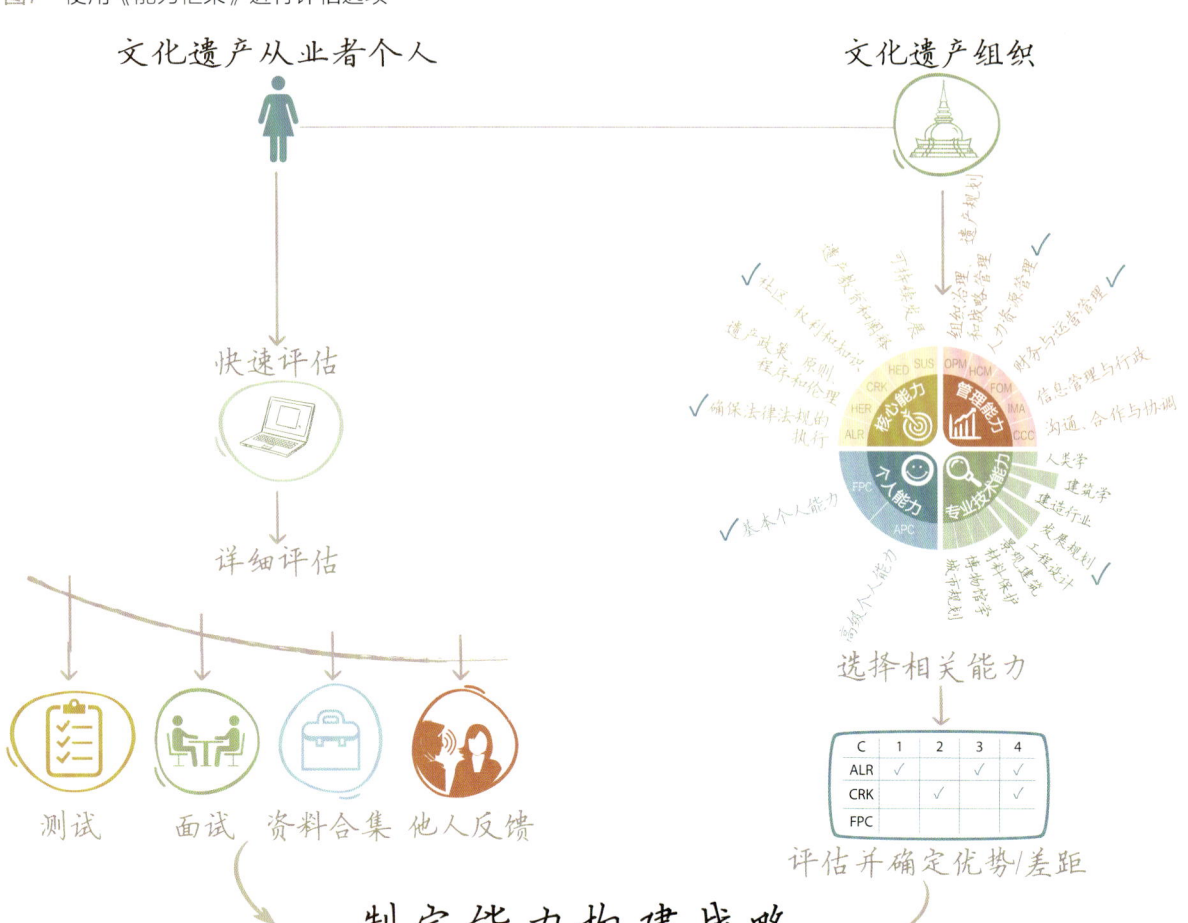

与此相关的大学和培训机构，包括职业培训机构在内，都可以制定与此类正式职业标准相关的教育和培训课程。

在地区和国际层面，本《能力框架》可用于协调专业、职业和教育资格框架。东盟等地区管理机构及与文化遗产有关的专业协会可以考虑采用本《能力框架》界定文化遗产部门人员的技能和知识标准，同时运用本《能力框架》起草双边互认协议，允许工人和专业人员进行跨境流动。我们鼓励具有地区影响力的能力构建组织（包括联合国教科文组织的各种2类机构和大学），利用本《能力框架》进行需求评估，以确定该领域的培训要求。此类机构还可以运用以能力为本的方法重新调整其培训计划和评估方法，以确保他们的学员在结束课程时能以可验证的方式展示必要的技能和知识。

为促进《能力框架》的广泛传播和应用，应将其翻译成亚太地区及其他地区的各种语言。我们鼓励各国编制《能力框架》的定制版本，突出与它们最相关的能力，或在国家法律和管理框架的背景下完善具体的次级能力。

第3章
文化遗产管理能力框架

3.1 核心能力

可持续发展

遗产教育和阐释

社区、权利和知识

遗产政策、原则、程序和伦理

确保法律法规的执行

SUS
HED
CRK
HER
ALR

核心能力

核心能力	
1级	技术工人

确保法律法规的执行（ALR）
确保影响各级遗产地的法律、法规和权利得到维护和执行。

	基本能力	具备一般专业知识，了解一般工作内容
ALR 1	能开展受监督的防范、执法与其他合规活动。	• 了解文化遗产面临的主要威胁。 • 了解法律的相关要素。 • 了解个人和执法人员的法律权利和义务。 • 了解相关的标准操作程序。
	能力描述 应具备的个人能力	要求具备的主要知识（除上述知识外）
ALR 1.1	能识别、记录和报告违规及未经授权的活动。	• 了解法律程序的细节。
ALR 1.2	能遵循法律、伦理和安全程序。	• 安全合法地使用与维护设备。

遗产政策、原则、程序和伦理（HER）
在文化遗产管理过程的各个阶段纳入并执行文化遗产原则、宪章和公约。

	基本能力	具备一般专业知识，了解一般工作内容
HER 1	能按照以价值为本的既定准则和程序执行保护工作。	• 对基于文化遗产价值的管理有基本了解。 • 了解相关政策、准则和操作程序。
	能力描述 应具备的个人能力	要求具备的主要知识（除上述知识外）
HER 1.1	能遵循以价值为本的保护准则和程序。	• 对基于文物价值保护的保护程序有基本了解。 • 深入了解特定学科的技术知识。

核心能力	
1级	技术工人

社区、权利和知识（CRK）
确保实现遗产地社区的权利，并将传统知识纳入保护程序和保护行动。

基本能力		具备一般专业知识，了解一般工作内容
CRK 1	能以尊重的态度与遗产地社区互动。	• 对当地利益相关者、社区和文化有基本了解。 • 具备文化敏感性，理解并尊重当地习俗、法律和知识。 • 了解与当地社区合作及处理传统知识的原则和实践。
能力描述 应具备的个人能力		要求具备的主要知识（除上述知识外）
CRK 1.1	能领会参与式决策过程的价值。	• 参与原则并参与实践。
CRK 1.2	能在实践中坚持文化和文化遗产管理的伦理实践原则和行为准则。	• 与遗产地社区合作及处理传统知识的原则和实践。
CRK 1.3	能通过尊重文化多样性，在实践中适应不同的文化背景。	• 与遗产地社区合作及处理传统知识的原则和实践。

遗产教育和阐释（HED）
确保遗产地的利益相关者、游客、决策者和广大公众了解遗产地、遗产地的用途与价值，以及遗产地的治理和管理方式。

基本能力		具备一般专业知识，了解一般工作内容
HED 1	能为教育和阐释课程的实施做出贡献。	• 对文化遗产教育及阐释的原则有基本了解。 • 了解有效沟通的原则。
能力描述 应具备的个人能力		要求具备的主要知识（除上述知识外）
HED 1.1	能向遗产地社区和游客提供有关文化遗产管理措施的基本信息。	• 关于遗产地的基本信息。 • 遗产地阐释与教育课程。
HED1.2	能提供基本的阐释性、教育性介绍。	• 具备基础沟通技巧。

核心能力	
1级	技术工人

	可持续发展（SUS）	
	确保文化遗产保护和管理符合可持续发展原则，为实现可持续发展目标做出贡献。	
	基本能力	具备一般专业知识，了解一般工作内容
SUS 1	能遵循可持续发展标准和原则执行指定任务。	• 了解可持续发展的基础概念。
	能力描述 应具备的个人能力	要求具备的主要知识（除上述知识外）
SUS 1.1	能注意其行为的社会、文化和环境影响。	• 具备评估文化遗产管理和旅游项目的社会、文化和环境影响的基础技术。
SUS 1.2	能区分对待可持续发展有益及无益的实践。	• 了解保护性干预措施在项目或遗产地层面上的社会、文化和环境影响类型。
SUS 1.3	能根据应急响应计划对紧急情况做出响应。	• 了解应急响应规程和技术。
SUS 1.4	能协助收集遗产地内的社会文化、环境和经济数据。	• 掌握社会文化、环境和经济数据的收集和记录方法。

核心能力	
2级	中级管理者、技术专家

确保法律法规的执行（ALR）
确保影响各级遗产地的法律、法规和权利得到维护和执行。

	基本能力	具备一般专业知识，了解一般工作内容
ALR 2	能规划、管理并监测执法活动，防止违法行为并遵守遗产地的规定。	• 了解国家和地区的文化遗产法规、组织政策以及执法程序，遵守相关法律规章并防止违法行为的出现。 • 了解影响文化遗产地、资源、使用者、利益相关者和工作人员的法律和权利。 • 了解文化遗产地面临的威胁。 • 了解相关的标准操作程序。
	能力描述 应具备的个人能力	要求具备的主要知识（除上述知识外）
ALR 2.1	能监测遵守情况，调查并报告遗产地层面的违规和非法活动。	• 了解执法战略和计划的细节。
ALR 2.2	能与遗产地社区合作，预防非法活动。	• 掌握收集数据和信息的有效方法。
ALR 2.3	能确保对违法行为采取有效的法律措施。	• 了解遗产地内及其周围的当地社区（见CCC部分的内容）。
ALR 2.4	能处理与违法行为有关的法律案件。	• 了解影响遗产地社区的威胁和问题。
ALR 2.5	能有效利用与使用监测设备。	• 掌握沟通技能。

核心能力		
2级		中级管理者、技术专家

遗产政策、原则、程序和伦理（HER）

在文化遗产管理过程的各个阶段纳入并执行文化遗产原则、宪章和公约。

	基本能力	具备一般专业知识，了解一般工作内容
HER 2	能规划、管理并监测以价值为本的保护项目。	• 了解各公约规定的缔约国义务。 • 了解相关的最佳实践和公约。 • 了解基于文物价值的保护原则和概念。 • 了解基于文物价值的保护管理措施的组织政策和程序。
	能力描述 应具备的个人能力	要求具备的主要知识（除上述知识外）
HER 2.1	能将文化遗产管理原则和伦理标准纳入项目建议和决策过程。	• 深入了解通用及特定学科的文化遗产原则。 • 了解《操作准则》的要求。 • 掌握参与式的决策方法。 • 了解遗产地层面的现存文化遗产管理传统知识体系。 • 了解人权原则。
HER 2.2	能应用以价值为本的保护政策和准则，以识别、研究、评判并记录各种形式的文化和遗产资源，进行监测与评估、执行风险管理和影响评估。	• 了解对以价值为本的保护程序的法律要求和组织要求，深入了解通用及特定学科的文化遗产原则和宪章。 • 了解遗产地层面的现存文化遗产管理传统知识体系。 • 了解参与式的决策程序。 • 深入了解特定学科的知识。 • 了解文化遗产机构使用的监测和报告系统。 • 掌握风险管理和影响评估技术。
HER 2.3	能运用文化和文化遗产管理理论、原则和标准来管理遗产地。	• 了解对以价值为本的保护程序的法律和组织要求。 • 深入了解通用及特定学科的文化遗产原则和宪章。 • 深入了解特定学科的知识。 • 了解参与式的决策程序。 • 了解文化遗产机构使用的监测和报告系统。

核心能力	
2级	中级管理者、技术专家

社区、权利和知识（CRK）

确保实现遗产地社区的权利，并将传统知识纳入保护程序和保护行动。

	基本能力	具备一般专业知识，了解一般工作内容
CRK 2	能在遗产地层面应用基于权利且合乎伦理的文化遗产保护方法。	• 了解遗产地的利益相关者、社区和文化。 • 掌握基于权利的方法并了解将传统知识纳入文化遗产管理的重要性。 • 了解与遗产地社区合作以及纳入传统知识的原则和实践。了解国内外的人权和伦理原则、政策和标准。 • 了解参与原则与参与实践。 • 掌握倾听与提供反馈的沟通技巧。 • 掌握会议管理技巧。 • 掌握协商策略。 • 掌握解决冲突的技巧。
	能力描述 应具备的个人能力	要求具备的主要知识（除上述知识外）
CRK 2.1	能在实践中坚持文化和文化遗产管理的伦理实践原则和行为准则。	• 自由、事先知情的同意原则。 • 国内外的人权和伦理原则、政策和标准。
CRK 2.2	能通过尊重文化多样性，在实践中适应不同的文化情况。	• 相关的最佳实践案例。 • 掌握用于倾听与提供反馈的沟通技巧。 • 掌握会议管理技巧。
CRK 2.3	能重视并尊重共事者或者可能直接或间接受影响者的权利和选择。	• 相关的最佳实践案例。 • 参与原则与参与实践。
CRK 2.4	能在维护伦理标准的同时，让社区参与文化遗产管理。	• 国内外的人权和伦理原则、政策和标准。 • 相关的最佳实践案例。
CRK 2.5	能采用参与式的方式收集并评估社会经济和文化信息。	• 自由的知情同意原则。 • 参与原则与参与实践。 • 组织和文化遗产管理机构使用的监测和报告系统。

核心能力	
2级	中级管理者、技术专家

遗产教育和阐释（HED）

确保遗产地的利益相关者、游客、决策者和广大公众了解遗产地、遗产地的用途与价值，以及遗产地的治理和管理方式。

	基本能力	具备一般专业知识，了解一般工作内容
HED 2	能制定并实施遗产地层面的教育及阐释课程。	• 了解关于文化遗产教育和阐释的组织政策、战略和准则。 • 了解文化遗产教育和阐释的原则与实践。 • 掌握文化遗产教育和阐释的方法。 • 了解与遗产地社区和传统知识合作的原则和做法。 • 了解传统的知识体系。 • 了解文化遗产交流策略。 • 了解有效沟通和设计的原则。
	能力描述 应具备的个人能力	要求具备的主要知识（除上述知识外）
HED 2.1	能规划、引领开展并报告阐释性、认知性和教育性的课程。	• 有关教育、提升意识和社会营销的原则和实践。 • 掌握有关阐释、教育和提升意识的技巧。 • 文化遗产教育和阐释方面的国际最佳实践。 • 了解遗产地团体，以提升相关意识。 • 掌握参与式的规划程序。
HED 2.2	能与利益相关者、游客、决策者和广大公众进行有效沟通。	• 掌握人际的解释与沟通技巧。 • 了解意识提升活动的潜在受众。 • 掌握参与式的决策原则与方法。 • 掌握社会营销技巧。
HED 2.3	能通过各种媒体传播遗产地信息和专业知识。	• 有关教育、提升意识和社会营销的原则和实践。 • 阐释和教育交流的原则。 • 具备媒体意识。 • 掌握社会营销技巧。 • 用于传播信息的媒体的选择和基本细节。
HED 2.4	能规划、引领并管理兼具教育性和阐释性的公共活动。	• 活动规划和管理的原则与实践。 • 游客管理。 • 参与式的规划程序。
HED 2.5	能为不同的受众编写交流材料（包括遗址通知、标识和阐释性材料）。	• 阐释和教育交流的原则。

核心能力	
2级	中级管理者、技术专家

可持续发展（SUS）

确保文化遗产保护和管理符合可持续发展原则，为实现可持续发展目标做出贡献。

	基本能力	具备一般专业知识，了解一般工作内容
SUS 2	能设计、实施、监测并评估遗产地层面的可持续发展方案。	• 了解可持续发展理论（可持续发展目标，尤其与气候变化、环境保护、社会经济发展、旅游和扶贫相关的可持续性问题）。 • 了解能促进可持续发展的组织文化遗产管理战略。 • 了解可持续发展原则和准则。 • 了解可持续文化遗产管理的组织政策和程序。 • 了解现有的传统知识及遗产地层面的文化遗产管理制度。 • 参与式的决策原则与方法。 • 了解设施管理原则。 • 了解游客管理原则。
	能力描述 应具备的个人能力	要求具备的主要知识（除上述知识外）
SUS 2.1	能制定有助于改进可持续文化遗产管理和推动地方可持续发展的计划和项目。	• 现有的传统知识及遗产地层面的文化遗产管理制度。 • 掌握参与式的决策原则与方法。 • 评估拟议计划、方案和项目的潜在成本、效益和影响。 • 掌握游客管理策略和技术。 • 具备设施管理的技巧和工具。
SUS 2.2	能与传统知识的继承者合作管理文化遗产。	• 现有的传统知识以及遗产地层面的文化遗产管理制度。 • 与遗产地社区和传统知识合作的原则和做法。 • 人权原则。
SUS 2.3	能实施可持续发展战略和计划。	• 国家文化遗产管理政策和可持续发展的法律框架。 • 参与式规划和决策技巧及其用途。 • 掌握相关原则和先进技术，以评估旅游项目与文化遗产管理程序的社会、文化和环境影响。
SUS 2.4	监测、评估和管理遗产地及其周边地区的旅游项目和文化遗产管理程序对社会文化、环境和经济的影响。	• 掌握相关原则和先进技术，以评估旅游项目与文化遗产管理程序的社会、文化和环境影响。 • 掌握社会文化、环境和经济数据的收集和记录方法。 • 社区评估中使用的主要参数和指标（如所在地、人口、文化、权利、生计来源、福利、生活条件、当地传统和文化习俗、本土知识和当地治理形式）。 • 掌握参与式的调查与评估技术。 • 调查技术的潜在成本、效益和影响。 • 参与原则与参与实践。

核心能力		
2级		中级管理者、技术专家
SUS 2.5	能管理参观情况以及对设施的使用情况。	• 涉及文化遗产可持续发展的国际最佳实践。 • 旅游地品牌的概念和战略。 • 掌握游客管理策略和技术。 • 设施管理原则并具备设施管理工具。 • 在文化遗产管理系统中对阐释流程、游客管理和游客设施进行整合。
SUS 2.6	能执行应急响应计划。	• 风险评估和应急计划的技术和程序。 • 做出降低风险和减少威胁的选择。 • 掌握灾害风险管理策略和技术。

核心能力		
3级		高级管理者
确保法律法规的执行（ALR） 确保影响各级遗产地的法律、法规和权利得到维护和执行。		
基本能力		具备一般专业知识，了解一般工作内容
ALR 3	能指导制定和实施有关法律更新、执行以及合规的防止违法的方案。	• 了解关于文化遗产的国际公约。 • 了解缔约国在此类公约下的义务。 • 了解国家和地区的文化遗产法规、组织政策及执法、防止违法和合规的程序。 • 了解文化遗产政策和法规方面的国际最佳实践。 • 了解影响文化遗产地、资源、使用者、利益相关者和工作人员的法规和权利。 • 了解国家和地方层面对文化遗产的威胁。
能力描述 应具备的个人能力		要求具备的主要知识（除上述知识外）
ALR 3.1	能指导制定和实施有关文化遗产执法、防止违法和合规的战略、计划和操作程序。	• 相关国际公约和协定及其报告要求。 • 其他相关部门的作用并熟悉相关的政策和法规。
ALR 3.2	能指导执法并防止违法。	• 文化遗产执法、合规战略的细节。 • 国家执法和安全机构及其任务与职责。 • 充分熟悉执法和合规所要求的所有具体措施和活动（见ALR 2级）。
ALR 3.3	能与其他负责机构和司法部门协调执法活动。	• 了解国家执法和安全机构及其任务与职责。
ALR 3.4	能指导制定文化遗产地有关活动的地方法规和细则。	• 能提出有关文化遗产管理的新颖想法和概念。 • 文化遗产管理机构、所有者以及其他机构和当局通过和实施地方法规、细则等的权利。

核心能力	
3级	高级管理者

遗产政策、原则、程序和伦理（HER）

在文化遗产管理过程中的各个阶段纳入并执行文化遗产原则、宪章和公约。

	基本能力	具备一般专业知识，了解一般工作内容
HER 3	能在遗产地层面协调运用基于文物价值的文化遗产保护体系。	• 了解关于文化遗产的国际公约和宪章。 • 深入了解通用及特定学科的文化遗产原则和宪章。 • 了解基于文物价值的保护程序的法律和组织要求。 • 了解基于文物价值的保护原则和概念。 • 了解各公约规定的缔约国义务。 • 了解相关的最佳实践经验和公约。 • 了解将传统知识体系纳入文化遗产管理政策和程序的最佳国际实践经验。
	能力描述 应具备的个人能力	要求具备的主要知识（除上述知识外）
HER 3.1	能在遗产地层面的实践中遵守以价值为本的保护政策和准则。	• 了解参与执行和监督公约履行的国内外机构的职责。 • 了解《世界遗产公约》操作指南的要求。 • 了解人权原则。
HER 3.2	能在遗产地层面协调公约的实施。	• 参与执行和监督公约履行的国内外机构的职责。 • 了解《世界遗产公约》操作指南的要求。
HER 3.3	能评估项目方案是否符合文化遗产管理的原则和公约要求。	• 了解有关规划、开发、文化遗产及其相关问题的国家、地区政策和法规。 • 了解《世界遗产公约》操作指南的要求。 • 了解组织机构使用的工作记录系统。 • 了解文化遗产机构使用的监测和报告系统。
HER 3.4	能在遗产地层面制定管理和监测文化遗产保护的制度和程序。	• 掌握参与式的决策方法。 • 从遗产地层面了解现存文化遗产管理的传统知识体系。 • 了解组织机构使用的工作记录系统。 • 了解文化遗产机构使用的监测和报告系统。

核心能力		
	3级	高级管理者

社区、权利和知识（CRK）
确保实现遗产地社区的权利，并将传统知识纳入保护程序和保护行动。

	基本能力	具备一般专业知识，了解一般工作内容
CRK 3	能确保项目的规划和执行纳入人权和伦理准则并能整合传统知识。	• 了解利益相关者、受影响的社区和文化。 • 了解基于权利的方法及将传统知识纳入文化遗产管理的重要性。 • 了解有关文化遗址、遗产地社区和原住民的人权和传统知识的国内外政策、法规、计划和援助方案。 • 了解有关遗产地社区权利的国际最佳文化遗产政策实践。 • 了解有关社区正式参与文化遗产地管理的国际最佳实践。 • 了解国内外的法律责任和实践。 • 了解维护人权及确保社区参与和获取资格的法律和组织要求。 • 了解将传统知识纳入保护程序和保护行动的原则和实践。 • 了解相关的最佳实践案例。 • 了解参与原则与参与实践。 • 掌握协商策略。 • 掌握解决冲突的技巧。
	能力描述 应具备的个人能力	要求具备的主要知识（除上述知识外）
CRK 3.1	能在决策过程中采用参与式流程。	• 掌握倾听与提供反馈的沟通技巧。 • 掌握会议管理技巧。
CRK 3.2	能构建并引领适宜的社区参与流程。	• 自由、事先和知情的同意原则。 • 掌握倾听与提供反馈的沟通技巧。 • 掌握会议管理技巧。
CRK 3.3	能监测所有项目中人权原则和伦理标准的采纳情况。	• 国内外的人权和伦理原则、政策和标准。 • 文化遗产机构使用的监测和报告系统。
CRK 3.4	能指导采用参与的方式收集与评估社会经济和文化信息。	• 自由、事先和知情的同意原则。
CRK 3.5	能制定社区参与文化遗址管理的战略和计划。	• 相关的最佳实践案例。
CRK 3.6	能使社区参与对文化遗产地的管理。	• 参与原则与参与实践。

核心能力	
3级	高级管理者

遗产教育和阐释（HED）

确保遗产地的利益相关者、游客、决策者和广大公众了解遗产地、遗产地的用途与价值，以及遗产地的治理和管理方式。

	基本能力	具备一般专业知识，了解一般工作内容
HED 3	能指导制定并实施遗产地层面的教育及阐释课程。	• 了解有关文化遗产地、当地社区、原住民、人权和传统知识的国内外政策和法规。 • 了解有关文化遗产教育及阐释的国家和组织政策、战略和准则。 • 了解有关教育、意识提升和社会营销的原则和实践。 • 了解国内外的人权和伦理原则、政策和标准。 • 了解文化遗产教育及阐释的原则。 • 掌握文化遗产教育及阐释的方法。 • 了解传统的知识体系。
	能力描述 应具备的个人能力	要求具备的主要知识（除上述知识外）
HED 3.1	通过与当地社区建立伙伴关系，能根据国家政策指导制定推广方案。	• 与遗产地社区和传统知识合作的原则和做法。 • 文化遗产教育及阐释方面的国际最佳实践。 • 掌握有效沟通的原则。 • 设计推广方案。 • 参与原则与参与实践。 • 掌握社会营销技巧。
HED 3.2	能指导制定和实施针对不同受众的专题阐释和教育课程。	• 文化遗产教育和阐释方面的国际最佳实践。 • 文化遗产阐释的原则。 • 参与原则与参与实践。 • 掌握社会营销技巧。
HED 3.3	能指导设计、生产和部署有关意识提升和教育的设施及装置。	• 有效沟通设计的原则。 • 有利于环境可持续发展、生态保护并且契合文化的设计原则和设计实践。 • 游客中心的规划和设计原则。 • 熟悉设计和施工项目的签约程序。 • 设施管理原则。 • 游客管理原则。
HED 3.4	能指导设计和制作面向不同受众的意识提升和教育材料。	• 有效沟通设计的原则和实践。 • 包容性文化遗产教育及阐释方面的国际最佳实践。 • 掌握媒体制作技术。
HED 3.5	能制定并实施遗产地的媒体宣传战略。	• 具备媒体意识。 • 媒体关系和互动的原则和实践。 • 了解相关媒体机构和媒体工作人员。

核心能力	
3级	高级管理者

可持续发展（SUS） 确保文化遗产保护和管理符合可持续发展原则，为实现可持续发展目标做出贡献。	
基本能力	具备一般专业知识，了解一般工作内容
SUS 3 能确保在遗址上规划和实施的项目符合可持续发展的原则。	• 了解文化遗产管理和可持续发展的国内外政策、战略和计划。 • 了解有关文化遗产管理和可持续发展的法规和组织政策及战略。 • 了解可持续发展原则和准则。 • 了解可持续发展理论（可持续发展目标，尤其与气候变化、环境保护、社会经济发展、旅游和扶贫相关的可持续性问题）。
能力描述 应具备的个人能力	要求具备的主要知识（除上述知识外）
SUS 3.1 能在遗产地层面进行高效且可持续的文化遗产管理实践。	• 国家文化遗产管理政策和可持续发展的法律框架。 • 涉及文化遗产可持续发展的最佳国际实践。 • 参与式规划和决策技巧及其用途。
SUS 3.2 能在项目规划、遗址管理及监测中纳入传统知识和文化遗产管理制度。	• 现有的传统知识及遗产地层面的文化遗产管理制度。 • 掌握参与式的决策原则与方法。 • 掌握灾害风险管理策略和技术。 • 运用文化遗产影响评估。
SUS 3.3 能监测遗产地层面的保护实践是否符合可持续文化遗产管理战略。	• 国家文化遗产管理政策和可持续发展的法律框架。 • 掌握参与式的监测技术及其用途。
SUS 3.4 能指导制定关于文化遗产地的旅游可持续发展及其公共用途的战略和计划。	• 涉及文化遗产可持续发展的国际最佳实践。 • 旅游地品牌的概念和战略。 • 掌握游客管理策略和技术。 • 进行设施管理。 • 参与原则与参与实践。

核心能力		
3级		高级管理者

可持续发展（SUS）		
确保文化遗产保护和管理符合可持续发展原则，为实现可持续发展目标做出贡献。		
SUS 3.5	能指导制定关于游客服务和活动的商业计划、预算和收费结构，以确保遗产地层面的社会、环境和经济可持续发展。	• 旅游地品牌建设的战略。 • 参与原则与参与实践。 • 掌握定价策略。 • 掌握文化资源的营销策略。 • 设施管理原则。 • 掌握游客管理的原则和技术。
SUS 3.6	能系统地监测和评估旅游活动在遗产地层面的社会文化、环境和经济影响，并能采用有效的缓解措施。	• 社会、文化和环境影响的类型。 • 掌握社会文化、环境和经济数据的收集和记录方法。 • 掌握影响评估的原则和技术。 • 参与原则与参与实践。
SUS 3.7	能制定方案，以提高文化遗产地应对气候变化和自然灾害影响的恢复能力。	• 气候变化的影响。 • 掌握自然灾害风险管理策略和技术。 • 传统的知识体系。
SUS 3.8	能为文化创作和娱乐活动提供无障碍设施和场所。	• 文化旅游规划和发展的原则。 • 无障碍设施设计的原则和标准。 • 进行设施管理。 • 参与原则与参与实践。
SUS 3.9	能支持推动当地社区社会经济可持续发展的活动，包括以恰当的方式调动与遗址有关的资源。	• 参与式规划和决策技巧及其用途。 • 自由、事先和知情的同意原则。 • 参与原则与参与实践。
SUS 3.10	能促进并支持当地社区文化认同、传统知识与实践的发展。	• 文化遗产教育和阐释方面的最佳国际实践。 • 社区和地方可持续发展的原则和实践。 • 自由的知情同意原则。 • 文化遗产阐释的原则。 • 参与式规划和决策技巧及其用途（参阅CCC部分的内容）。
SUS 3.11	能指导制定自然灾害风险管理计划和应急反应系统。	• 掌握自然灾害风险管理策略和技术。 • 风险评估和应急计划的技术和程序。 • 做出降低风险和减少威胁的选择。

核心能力		
4级		决策者

确保法律法规的执行（ALR）		
确保影响各级遗产地的法律、法规和权利得到维护和执行。		
基本能力		具备一般专业知识，了解一般工作内容
ALR 4	能建立健全政策框架，以实施国际和地方文化遗产法，并制定、应用与执行此类法律。	· 了解有关文化遗产的国际公约和倡议。 · 了解缔约国在此类公约下的义务。 · 了解关于文化遗产地的国内外政策和法规。 · 了解影响文化遗产地的非文化遗产类政策和法律。 · 了解文化遗产地面临的主要威胁。
能力描述 应具备的个人能力		要求具备的主要知识（除上述知识外）
ALR 4.1	能推动和协调将国际文化遗产法纳入国家文化遗产政策、战略、法律和法规的工作。	· 制定和批准法规的程序。 · 影响法规及其实施的决策结构和程序。
ALR 4.2	能在国家层面协调公约的实施。	· 参与执行和监督公约履行的国内外机构的职责。
ALR 4.3	能协调制定和实施保护文化遗址的标准和操作程序。	· 针对文化遗产价值的主要威胁及其根本原因。 · 执法和安全操作的原则和实践。
ALR 4.4	能与其他机构合作，监督组织是否遵守国际义务、国家监管框架和执法操作。	· 保护文化遗址的国际倡议和协议。 · 国家执法和安全机构及其任务与职责。 · 打击文化遗产地非法交易的国际倡议和协议。
ALR 4.5	能推动制定政策或以法律手段应对影响遗产地的新型认知和重大威胁。	· 能提出有关文化遗产管理的新颖想法和概念。 · 了解其他相关部门的作用并熟悉相关的政策和法规。 · 文化遗产政策和法规方面的国际最佳实践。

核心能力	
4级	决策者

遗产政策、原则、程序和伦理（HER）

在文化遗产管理过程中的各个阶段纳入并执行文化遗产原则、宪章和公约。

	基本能力	具备一般专业知识，了解一般工作内容
HER 4	能将文化遗产原则和公约纳入国家和地方层面的文化遗产保护体系。	• 了解关于文化遗产的国际公约和宪章。 • 了解参与执行和监督公约履行的国内外机构的职责。 • 了解公约规定的各缔约国义务。 • 了解相关的最佳实践案例。 • 掌握基于保护价值的文化遗产管理方法。 • 了解有关规划、开发，以及文化遗产及其相关问题的国家、地区的政策和法规。 • 了解治理和决策程序。 • 具备影响或带动非文化遗产参与者去了解文化遗产的能力，特别是在国家发展规划的过程中。
	能力描述 应具备的个人能力	要求具备的主要知识（除上述知识外）
HER 4.1	对基于文物价值的遗产保护体系，能在国家层面上推动其发展和进行政策推广。	• 掌握以价值为本的文化遗产保护体系的法律和组织要求。 • 了解其他相关部门的作用并熟悉相关的政策和法规。 • 了解人权原则。
HER 4.2	能协调制定基于文化遗产原则和公约的文化遗产管理准则和制度。	• 掌握以价值为本的文化遗产保护体系的法律和组织要求。 • 了解其他相关部门的作用并熟悉相关的政策和法规。 • 参与原则与参与实践。
HER 4.3	能在国家和遗产地层面指导制定和实施基于文物价值的文化遗产保护准则和程序。	• 掌握基于文物价值的文化遗产保护体系的法律和组织要求。 • 了解其他相关部门的作用并熟悉相关的政策和法规。 • 了解旅游管理的影响。
HER 4.4	能确保组织政策和程序遵循既定的国内外文化遗产保护原则、伦理和人权标准。	• 国际文化遗产和人权公约、原则和宪章。 • 可持续发展政策和目标。
HER 4.5	能让文化遗产管理的传统知识体系纳入国家和遗产地层面的文化遗产保护政策、原则和程序。	• 国家现有的文化遗产管理传统知识体系。 • 将传统知识体系纳入有关文化遗产政策和程序的最佳国际实践。
HER 4.6	能为改进文化遗产原则和实践的措施做出重大贡献。	• 《世界遗产公约》操作指南的要求。 • 深入了解通用及特定学科的文化遗产原则。

核心能力		
4级		决策者

社区、权利和知识（CRK）

确保实现遗产地社区的权利，并将传统知识纳入保护程序和保护行动。

	基本能力	具备一般专业知识，了解一般工作内容
CRK 4	能确保文化遗产保护的决策和活动符合人权原则，并能确保权利问题和不平等现象得到充分解决。	• 了解整个文化遗产地和周边地区的利益相关者、社区和文化。 • 了解有关文化遗址、当地社区、原住民、人权和传统知识的国内外政策、法规、计划和援助方案。 • 了解基于权利的方法及将传统知识纳入文化遗产管理的重要性。 • 了解参与的原则与伦理实践。 • 了解国内外的法律责任和最佳实践。
	能力描述 应具备的个人能力	要求具备的主要知识（除上述知识外）
CRK 4.1	能确保所有的文化遗产管理政策、监管框架和程序都尊重当地社区的权利，并且可以整合传统知识体系。	• 将性别观点纳入主流。 • 自由的知情同意原则。
CRK 4.2	能确保所有政策和项目都有助于充分实现当地社区的权利。	• 有关当地社区权利的文化遗产政策的最佳国际实践。
CRK 4.3	能确保所有的文化遗产管理实践都遵循伦理实践的原则。	• 参与原则与伦理实践。
CRK 4.4	能使当地社区正式参与遗产地的制度化管理，并能整合传统知识体系。	• 参与原则与伦理实践。 • 社区正式参与遗产地管理的最佳国际实践。

核心能力	
4级	决策者

遗产教育和阐释（HED）

确保遗产地的利益相关者、游客、决策者和广大公众了解遗产地、遗产地的用途与价值，以及遗产地的治理和管理方式。

	基本能力	具备一般专业知识，了解一般工作内容
HED 4	能在国家和地方各级开展教育及阐释课程。	• 了解有关文化遗产地、遗产地社区、原住民、人权和传统知识的国内外政策和法规。 • 了解有关文化遗产教育及阐释的国家政策、战略和准则。 • 了解文化遗产教育及阐释的原则。 • 了解国家、地区遗产地的详细信息。 • 了解参与原则与参与实践。
	能力描述 应具备的个人能力	要求具备的主要知识（除上述知识外）
HED 4.1	能协调制定国家层面的文化遗产品牌战略、意识战略和教育战略。	• 有关提升意识、宣传和社会营销的原则和实践。 • 文化遗产教育及阐释方面的国际最佳实践。 • 有效沟通设计的原则。
HED 4.2	能推动将文化遗产管理问题纳入各级教育课程。	• 与教育课程开发有关的国家法规。 • 教育部门的结构和运作模式。 • 各级现行的文化遗产培训课程。 • 文化遗产管理教育及阐释方面的国际最佳实践。
HED 4.3	能协调制定关于公平获取活动机会和参与文化遗产活动的国家政策、战略和准则。	• 关于公平获取活动机会和参与文化遗产活动的国家政策、战略和指导方针。 • 文化遗产教育及阐释方面的国际最佳实践。
HED 4.4	能根据政府政策，协调制订宣传计划。	• 了解参与性的规划和决策程序。
HED 4.5	能对促进遗产地保护意识提升、教育改进、信息优化的国际倡议做出重大贡献。	• 能提升遗产地及其周边地区保护意识、改进教育及优化阐释的选择和最佳实践案例。

核心能力	
4级	决策者

可持续发展（SUS）

确保文化遗产保护和管理符合可持续发展原则，为实现可持续发展目标做出贡献。

	基本能力	具备一般专业知识，了解一般工作内容
SUS 4	能将文化遗产纳入国家可持续发展战略。	• 了解可持续发展理论（可持续发展目标，尤其与气候变化、环境保护、社会经济发展、旅游、扶贫和可持续城市相关的可持续性问题）。 • 了解文化遗产管理和可持续发展的国内外政策、战略和计划。 • 了解可持续发展原则和准则。 • 了解相关的最佳实践与案例。
	能力描述 应具备的个人能力	要求具备的主要知识（除上述知识外）
SUS 4.1	能根据可持续发展的原则，协调制定国家文化遗产管理政策和法律框架。	• 涉及文化遗产可持续发展的最佳国际实践。 • 掌握灾害风险管理策略和技术。 • 参与原则与参与实践。
SUS 4.2	引导制定、评估国家和地区的可持续文化遗产发展战略。	• 涉及文化遗产可持续发展的最佳国际实践。 • 参与原则与参与实践。 • 自由的知情同意原则。 • 有关权利和利益共享的国家政策和法规。
SUS 4.3	能将传统知识体系纳入国家可持续发展战略。	• 与当地社区合作以及处理传统知识的原则和实践。 • 现有的传统知识以及遗产地层面的文化遗产管理制度。 • 掌握参与式的决策原则与方法。
SUS 4.4	能在国家层面制定可持续的文化遗产管理战略。	• 国家文化遗产管理政策和可持续发展的法律框架。 • 参与原则与参与实践。
SUS 4.5	能在国家层面协调制定可持续的文化遗产旅游战略。	• 涉及文化遗产可持续发展的最佳国际实践。 • 可持续的旅游原则和最佳实践。 • 旅游地品牌的概念和战略。 • 掌握游客管理策略和技术。 • 进行设施管理。
SUS 4.6	能建立保护文化多样性的国际文化合作计划。	• 与文化遗产有关的国际机构的工作范围。 • 旨在保护文化多样性的国际文化合作项目。
SUS 4.7	能推动制定可持续发展的实践准则，并在遗产地层面践行准则。	• 可持续发展理论（可持续发展目标，尤其与气候变化、环境保护、社会经济发展、旅游和扶贫相关的可持续性问题）。 • 涉及文化遗产可持续发展的最佳国际实践。 • 参与原则与参与实践。

3.2 管理能力

组织治理、遗产规划和战略管理

人力资源管理

财务与运营管理

信息管理与行政

沟通、合作与协调

管理能力

- OPM
- HCM
- FOM
- IMA
- CCC

管理能力	
1级	技术工人

人力资源管理（HCM）
建立一支人员充足、有能力、管理良好，并可提供支持的工作队伍，以更好地保护和管理文化遗产。

	基本能力	具备一般专业知识，了解一般工作内容
HCM 1	能督导小型工作团队完成特定任务。	• 了解相关政策和操作程序。 • 了解监管规范。 • 掌握沟通技巧。
	能力描述 应具备的个人能力	要求具备的主要知识（除上述知识外）
HCM 1.1	能监督和激励工作小组完成实操任务。	• 掌握基本监督和激励的工作方法。 • 能够遵照组织安排的人事程序工作。 • 能够理解待完成技术型任务的详细内容。
HCM 1.2	能做好并提交工作记录。	• 能够操作组织的工作记录系统。

财务与运营管理（FOM）
确保遗产地和遗产组织获得充足的资金和资源，并有效和高效地部署与使用资源。

	基本能力	具备一般专业知识，了解一般工作内容
FOM 1	能负责为特定活动管理资金和资源。	• 具备一定的数学素养与读写能力。 • 了解基本财务程序。 • 了解相关政策和操作程序。
	能力描述 应具备的个人能力	要求具备的主要知识（除上述知识外）
FOM 1.1	能收集并提供和其他财务事项有关的票据。	• 组织的基本财务记录保存的程序和要求。
FOM 1.2	能做好关于材料、设备和供应物资的记录。	• 组织的基本库存、储存和维护程序。

管理能力	
1级	技术工人

信息管理与行政（IMA）
建立和实施信息管理、文件归档和报告程序。

	基本能力	具备一般专业知识，了解一般工作内容
IMA 1	能遵照组织的要求做好基本工作记录。	• 了解相关政策和操作程序。 • 了解监管规范。 • 掌握沟通技巧。
	能力描述 应具备的个人能力	要求具备的主要知识（除上述知识外）
IMA 1.1	能维护工作活动记录。	• 熟悉文化遗产组织规范的记录形式和文件。 • 能够使用数字化设备（如GPS）。
IMA 1.2	能根据工作活动做基本书面报告。	• 熟悉文化遗产组织的报告要求和格式。 • 能够使用数字化设备（如GPS）。

沟通、合作与协调（CCC）
发展与应用有效沟通和协调所需的技能。

	基本能力	具备一般专业知识，了解一般工作内容
CCC 1	能与同事、利益相关者及访客进行有效沟通。	• 能够有效运用沟通技巧。 • 具备读写能力（包括口头表达、阅读和写作能力）。
	能力描述 应具备的个人能力	要求具备的主要知识（除上述知识外）
CCC 1.1	能在工作中与他人进行有效沟通。	• 具备基本沟通技巧，清楚其用途及优缺点。
CCC 1.2	能为实操者提供在职指导。	• 具备基本指导方法。 • 能够完成技术性任务。
CCC 1.3	能使用有效的沟通技巧避免人际间的冲突。	• 能够使用沟通技巧缓和争论和言语冲突，并表达不同的观点，捍卫自己的立场。 • 能够根据不同的情况和对象使用不同的沟通技巧。

管理能力	
2级	中级管理者、技术专家

人力资源管理（HCM）	
建立一支人员充足、有能力、管理良好，并可提供支持的工作队伍，以更好地保护和管理文化遗产。	
基本能力	具备一般专业知识，了解一般工作内容
HCM 2 能领导和支持开展保护工作的团队和个人。	• 能够遵守文化遗产组织的人事程序。 • 能够遵守监督管理的规范和实践。 • 能够遵守能力建设和成人学习的原则和常规做法。
能力描述 应具备的个人能力	要求具备的主要知识（除上述知识外）
HCM 2.1 能制订工作计划并监督其实施。	• 遗产地或遗产组织的管理计划和工作计划的目的、目标和要求的产出。 • 能够运用结构化方法制订与实施计划。
HCM 2.2 能督导、激励和评估个人和团队的工作表现，包括找出工作表现不佳的原因和发生工作冲突的原因，并为此提供适当的建议。	• 具备激励和辅导的技巧。 • 掌握拟完成任务的技术细节。 • 掌握倾听与提供反馈的沟通技巧。 • 掌握解决冲突的技巧。
HCM 2.3 能计划、组织及实施培训和学习活动。	• 掌握培训和学习需求的评估方法。 • 提供与交付培训和学习成果。 • 掌握评估培训和学习成效的方法。
HCM 2.4 能做好人事工作和活动方面的记录。	• 能够遵守组织的人事档案程序和制度。 • 能够遵守数据保护与安全的法律法规和规范要求。

管理能力	
2级	中级管理者、技术专家

财务与运营管理（FOM）	
确保遗产地和遗产组织获得充足的资金和资源，并有效和高效地部署与使用资源。	
基本能力	具备一般专业知识，了解一般工作内容
FOM 2 能管理、监督和负责文化遗产组织管理所需的资金和其他资源。	• 能够遵守财务和库存管理的组织政策和程序。 • 能够遵守记账的规范和惯例。 • 能够整理和留存记录。
能力描述 应具备的个人能力	要求具备的主要知识（除上述知识外）
FOM 2.1 能保管好账簿、账户和库存记录。	• 能够遵守会计法规和惯例。 • 能够遵守组织的记账和会计制度。
FOM 2.2 能编制关于财务和资产的报告。	• 能够遵守会计法规和惯例。 • 能够遵守组织的会计制度。 • 能够遵守遗产地或组织所适用的税法。 • 能够遵守审计和检查的要求和程序。
FOM 2.3 能管理好现金和进行现金交易。	• 能够遵守会计法规和惯例。 • 能够使用组织的记账系统。 • 能够遵守现金管理程序。
FOM 2.4 能按照规定的程序进行采购。	• 能够依照法规进行采购。 • 能够遵守组织和捐助方的采买和采购程序。
FOM 2.5 能界定工作活动所需的成本和材料要求。	• 掌握基本预算编制原则和做法。 • 能够明确常规管理事务的材料需求。 • 能够对所需的材料进行预估。
FOM 2.6 能保管好资产、设备、仓库和供应物资，确保其可用性。	• 能够遵守组织的资产和库存管理程序。 • 组织对设备和物资的经常性需求。

管理能力	
2级	中级管理者、技术专家

信息管理与行政（IMA）	
建立和实施信息管理、文件归档和报告程序。	
基本能力	具备一般专业知识，了解一般工作内容
IMA 2 能遵照规定程序编制有关管理活动的归档文件并确保其准确无误。	• 能够遵守组织政策和程序做好行政工作。 • 能够遵守信息和知识管理的原则和惯例。 • 能够围绕工作方案做好规划、分析和报告。 • 能够遵循报告的规定格式和写作风格。
能力描述 应具备的个人能力	要求具备的主要知识（除上述知识外）
IMA 2.1 能为报告和评估提供分析和技术支持。	• 掌握科学技术报告的结构，熟悉其内容。 • 掌握写作和表达的技巧，能够清晰地输出信息。 • 掌握分析技术。
IMA 2.2 能为活动和项目的正式报告做好准备。	• 能够遵守文化遗产组织和捐助方所规定的要求和格式做报告。 • 掌握写作和表达的技巧，能够清晰地输出信息。
IMA 2.3 能促成会议并记录会议过程。	• 能够遵守会议规章和程序与会。 • 具备撰写会议纪要及准备会议文件的能力。 • 具备良好的沟通技巧。
IMA 2.4 能准确归档关于数据、活动和事件的文件，并妥善保管。	• 能够操作信息管理系统。 • 掌握信息存储方法，能够使用文化遗产组织的数据库和管理信息系统。 • 能够使用计算机和数据库。 • 能够依照法律做好数据安全保护工作。

管理能力		
	2级	中级管理者、技术专家

沟通、合作与协调（CCC）		
发展与应用有效沟通和协调所需的技能。		
	基本能力	具备一般专业知识，了解一般工作内容
CCC 2	能使用适当的沟通技巧，借助媒体与他人进行正式和非正式沟通。	• 掌握基本沟通方法。 • 能够辨析与沟通相关的利益和风险。 • 掌握有效的沟通技巧，并能熟练应用。 • 掌握多种沟通方法，可根据不同的群体和个人运用不同的沟通方法。
	能力描述 应具备的个人能力	要求具备的主要知识（除上述知识外）
CCC 2.1	能进行有效的人际沟通。	• 掌握多种沟通方法及其用途。 • 掌握多种沟通方法，可根据不同的群体和个人运用不同的沟通方法。
CCC 2.2	能进行有效的口头陈述。	• 掌握有效的言语沟通技巧，并能熟练运用。 • 能够使用视觉辅助工具做演示。
CCC 2.3	能以书面形式进行有效沟通。	• 掌握有效的书面沟通技巧，并能熟练运用。 • 掌握多种沟通方法，可根据不同的群体和个人运用不同的沟通方法。
CCC 2.4	能在工作中与团队开展有效协作和合作。	• 能够遵守有效团队合作和协作的原则和方法。
CCC 2.5	能为同事或下属提供辅导和指导。	• 具备人际交往能力。 • 掌握辅导和指导的技能和技巧。 • 具有相关技术专长。
CCC 2.6	能界定并解决人际冲突。	• 掌握解决冲突的有效方法和实用技巧，如谈判、缓和关系、寻求妥协和共赢等解决方案。
CCC 2.7	能提供培训和学习计划。	• 掌握教学、指导和实操训练技能和技巧。 • 能够充分理解培训主题。
CCC 2.8	能推进会议、讨论和研讨会的进行。	• 掌握在不同情况下推进工作的技巧。 • 能够遵循正式会议召开的形式要求和程序。 • 参与原则与参与实践。 • 能够了解与会者的经历、兴趣和需求。

管理能力	
3级	高级管理者

组织治理、遗产规划和战略管理（OPM）

成立、治理、管理与领导组织，使其能够良好地运营，为文化遗产保护、规划和管理提供战略框架。

	基本能力	具备一般专业知识，了解一般工作内容
OPM 3	能为文化遗产组织或传统文化遗产管理体系提供战略方针，有效地领导其发展，能为战略、计划和项目的制定和实施提供指导，进而实现文化遗产保护和管理目标。	• 能够遵守法律法规、组织政策及文化遗产地的管理和行政程序。 • 能够遵守项目设计和规划的规范和程序。 • 能够以符合规范和惯例的方式进行组织能力建设。 • 能够运用一定的原理和方法做好治理、建立参与机制和合伙人体系的相关工作。
	能力描述 应具备的个人能力	要求具备的主要知识（除上述知识外）
OPM 3.1	能建立促进文化遗产组织或传统体系能力建设的机制。	• 能够遵守国家政策与惯例对文化遗产组织和遗产地进行治理，以及为其提供资源。 • 能够提供关于人员配置计划、能力建设战略、业务计划及其他类似文件的详细内容。 • 确保资源配置和提高能力的方案。
OPM 3.2	能为文化遗产组织制定具有战略性、计划性和适应性的管理程序，其中包括管理活动的系统性规划和监管。	• 能够制订具有战略性的管理规划。 • 能够遵循规范和惯例实施具有适应性且以相应价值观为基础的管理。 • 具备制订工作计划的技巧，所做计划符合格式要求。 • 能够为文化遗产组织或传统体系组织连接适用的人员和资源。
OPM 3.3	能与相关组织和利益相关团体建立关系网，发展合作关系。	• 熟知所有相关机构或团体的任务、职能、作用和权益。 • 掌握沟通、建立关系网，以及发展合作伙伴的方法。
OPM 3.4	能建立与实施各方参与机制，确保做好治理工作。	• 能够对文化遗产地权利持有人和相关利益者进行分析。 • 参与原则与参与实践，让各方以各种形式参与治理。
OPM 3.5	能为使文化遗产地或文化遗产组织做好公共健康、安全和安保工作建立相关制度和程序。	• 能够参与制定与健康、安全和安保相关的法律法规。 • 具备与健康、安全和安全监督相关的技术。 • 了解健康、安全和安保管理方面的最佳实践。 • 能够识别健康、安全和安保方面的主要威胁。 • 了解保险和赔偿方案。
OPM 3.6	能推动文化遗产管理的变革和创新。	• 能够对其他文化遗产地和风俗习惯进行研究，成立项目，产出活动成果。 • 能够引用国际指导方案、最佳实践和经验。 • 能够采用支持文化遗产管理的新工具和技术。 • 能够熟练运用变革管理原则。

管理能力	
3级	高级管理者

组织治理、遗产规划和战略管理（OPM）
成立、治理、管理与领导组织，使其能够良好地运营，为文化遗产保护、规划和管理提供战略框架。

OPM 3.7	确保对信息和知识（包括传统知识）进行有效的管理和转让。	• 能够遵守知识和数据管理的规范和惯例。 • 能够遵守信息安全协议。 • 能够遵守数据管理、访问和使用的法律规定。 • 能够操作信息存储和检索系统。 • 能够遵守获取、使用和转让传统知识的法律规定和文化惯例。
OPM 3.8	能落实多方参与机制为特定一处文化遗产制订管理计划，草拟其他规划性文件。	• 能够遵守国家法律法规并做好管理规划。 • 能够参照国际或国家的做法和指导做好管理规划。 • 能够进行价值评估。 • 能够落实权利持有人和利益相关方的参与机制，并尊重其需求、权利和优先权。 • 能够对遗产地居民和当地社区所具有的传统知识和习俗进行记录与汇总。
OPM 3.9	能对影响文化遗产地的因素进行结构化评估。	• 能够应用标准综合评价框架识别影响文化遗产地的因素。
OPM 3.10	能指导风险或灾害评估和应急计划的制订。	• 能够识别文化遗产地潜在的威胁和风险及其影响。 • 熟悉进行风险评估与实施应急计划的程序，具备相关工作技能。 • 了解预防和化解风险的方案。
OPM 3.11	能指导对影响或可能影响遗产价值的项目和提案进行遗产影响评估（HIA）、环境影响评估（EIA）和社会影响评估（SIA）。	• 能够遵循HIA、EIA和SIA的原则，遵照指南开展工作。 • 能够遵守与HIA、EIA和SIA相关的法律法规和程序。
OPM 3.12	能指导方案、项目的立案、立项和实施工作。	• 能够识别最具可能性的潜在捐助方，按照格式要求撰写提案。 • 熟悉项目选定和规划流程。 • 能够采用参与制的方法。 • 能够撰写提案。 • 具备项目管理技能，熟悉其流程。 • 能够操作出资方使用的相关监视和报告系统。 • 能够遵守监视规范，使用各类标识。
OPM 3.13	能指导实施文化遗产地相关的国家或地区的战略和规划。	• 了解影响文化遗产地和文化遗产资源的国家规划和战略（如艺术和文化战略发展、建筑和建设战略、旅游战略、可持续发展战略和行动计划、气候变化战略、风险防范战略等）。 • 了解相关国际公约和协定及其报告要求。 • 了解相关部门的职能及其战略和规划。
OPM 3.14	能指导重大建设项目的规划、实施和追踪，包括在必要时开展的影响评估。	• 熟悉关于城市化建设的法律法规。 • 能够设计和编制参数、规范和实践案例。 • 能够按照正规程序进行招标和授予合同。 • 熟悉设计和施工过程的主要阶段及所涉及的参与者。 • 熟悉影响评估的法律法规、程序和指南。

管理能力	
3级	高级管理者

人力资源管理（HCM）

建立一支人员充足、有能力、管理良好，并可提供支持的工作队伍，以更好地保护和管理文化遗产。

基本能力	具备一般专业知识，了解一般工作内容
HCM 3	能确保有充足且具备一定工作能力、管理良好、有领导能力、工作积极的人力投入到关于文化遗产地和文化遗产资源的工作中。	• 了解人力资源管理的法律法规、组织政策和程序。 • 熟悉人力资源管理的原则和惯例。 • 熟悉能力评估和发展的原则和惯例。

能力描述 应具备的个人能力	要求具备的主要知识（除上述知识外）
HCM 3.1 能界定文化遗产管理的人员需求和结构；提供职位描述；制定绩效标准评估流程。	• 关于组织结构、工作描述等规范。 • 人员组织和机构结构的方案（如纵向结构和横向结构）。 • 能够使用基于能力的方法做好人力资源规划和管理。 • 熟悉绩效评估流程。
HCM 3.2 能监督并确保文化遗产管理行政部门执行综合人事工作程序。	• 关于就业的法律法规。 • 人事工作程序规范和标准。
HCM 3.3 能起草制度和程序，以规范工作人员和合作伙伴的道德和行为，促使其按照高标准行事。	• 界定可能影响文化遗产组织或文化遗产地相关人员和合作伙伴的常见不诚实和违法行为。 • 影响涉及腐败和人权内容的国家和国际组织立法。 • 提出能够防止、避免和抑制不诚实和违法行为出现的办法。
HCM 3.4 能确保相关工作人员和其他使用者在适宜工作的条件下工作，享受一定的福利，得到健康、安全保障。	• 关于健康和安全的法律法规。 • 能够遵照风险评估、健康和安全的审查和规划程序办事。 • 具备安全监察的技术。 • 能够识别威胁相关工作人员的主要风险和危害。
HCM 3.5 能界定能力建设需求，为人员、利益相关方和合作伙伴制定能力建设方案。	• 能够实施能力需求评估，执行分析程序。 • 掌握与培训和学习相关的方法和技巧，包括了解成人学习原则。 • 积极利用学习和培训机会，包括工作中的学习机会。 • 能够界定员工、利益相关者、合作伙伴等的发展需求。 • 能够善用能力建设原则和惯例。 • 珍惜可发展个人能力的机会（包括正式和非正式）。
HCM 3.6 能对表现不佳和工作发生的冲突进行归因，并采取适当措施。	• 掌握倾听与提供反馈的沟通技巧。 • 掌握解决冲突的技巧。 • 能够遵守文化遗产地或文化遗产组织的人事程序。

管理能力	
3级	高级管理者

财务与运营管理（FOM）	
确保遗产地和遗产组织获得充足的资金和资源，并有效和高效地部署与使用资源。	
基本能力	具备一般专业知识，了解一般工作内容
FOM 3 能界定、管理文化遗产地所需的财力和物力，并确保这些资源得到有效利用。	• 熟悉与财务管理相关的法律法规、组织程序及要求。 • 熟悉记账和财务管理的原则和惯例。
能力描述 应具备的个人能力	要求具备的主要知识（除上述知识外）
FOM 3.1 能遵守法律法规，遵守关于财务管理、资金使用、资源配置的必要程序。	• 能够遵守与文化遗产地财务和资产管理相关的法律法规和规范。 • 能够遵照会计、记账和库存管理的专业程序办事。
FOM 3.2 能制订商业计划和具有可持续性的融资计划。	• 能够熟练运用商业和财务可持续性规划的理论和实践。
FOM 3.3 能编制年度预算，制订融资和资源配置计划。	• 熟悉关于资助文化遗产地和遗产保护组织的现行政策和做法。
FOM 3.4 能指导财务报告的编制，提供审计所需的信息。	• 了解增加资金并使资金来源渠道多样化的方案。
FOM 3.5 能明确保护和管理文化遗产地所需的资金和物质资源，确保其得到妥善的保管。	• 熟悉关于编制预算的法律法规、条例和规范。
FOM 3.6 能就合同内容和财务条款进行谈判与监督，就施工、特许权和管理相关问题进行协商。	• 能够制定财务规划和会计程序。

管理能力	
3级	高级管理者

信息管理与行政（IMA）

建立和实施信息管理、文件归档和报告程序。

	基本能力	具备一般专业知识，了解一般工作内容
IMA 3	确保为遗产组织建立一个全面的行政文件和报告系统。	• 熟悉关于文件归档和报告编写的法律法规和组织程序。 • 具备信息分析和汇总技能。 • 熟悉报告编写格式和表述风格。 • 熟悉信息管理、存储和检索系统。
	能力描述 应具备的个人能力	要求具备的主要知识（除上述知识外）
IMA 3.1	能撰写和筹备正式的活动报告。	• 能够按照要求和格式撰写报告。 • 能够运用分析能力。 • 能够清晰地表达与陈述信息。
IMA 3.2	能对会议、协商和谈判进行记录与归档。	• 精通会议礼仪。 • 能够熟练运用沟通和会议管理技巧。 • 能够熟练运用文件存储和检索系统。
IMA 3.3	能完整地对活动进行记录，做好档案文件的归档和保管工作。	• 能够熟练运用信息管理方法和技巧。 • 了解安全备份方案。 • 能够依照法律做好数据安全保护工作。 • 能够按照要求使用信息技术（如计算机、存储设备、网络等）。
IMA 3.4	能实施全面追踪和报告组织执行能力的措施。	• 清晰了解文化遗产组织的任务和责任。 • 能够按照国家要求进行追踪监控和报告。 • 熟悉关于管理计划及监控的规定细节。 • 能够使用经认定的追踪监控和评估系统。

管理能力	
3级	高级管理者

沟通、合作与协调（CCC）	
发展与应用有效沟通和协调所需的技能。	
基本能力	**具备一般专业知识，了解一般工作内容**
CCC 3 能在文化遗产组织内部和外部进行有效沟通。	• 沟通理论。 • 掌握组织沟通原理。 • 能够辨析与他人沟通相关的利益和风险。
能力描述 应具备的个人能力	**要求具备的主要知识（除上述知识外）**
CCC 3.1　能在文化遗产组织内进行有效沟通。	• 能够运用有效沟通技巧，并能将其运用到组织管理和运营中，发挥积极的作用。 • 能够使用有效的工具和辅助手段，达到良好的沟通效果。
CCC 3.2　能与利益相关者和合作伙伴进行有效沟通，维持良好的工作关系。	• 能够使用有效的沟通技巧，维护良好的工作关系。 • 能够清楚认识到定期进行双向沟通的重要性和益处。 • 能够充分了解利益相关者和合作伙伴，清楚其不同的沟通风格和需求。
CCC 3.3　能就协议内容进行谈判，解决争议和冲突。	• 能够运用多种谈判方法（例如迁就、回避、合作、竞争、妥协）。 • 能够运用多种解决冲突的方法，如谈判、调解、仲裁和裁决。

管理能力	
4级	决策者

组织治理、遗产规划和战略管理（OPM）	
成立、治理、管理与领导组织，使其能够良好地运营，为文化遗产保护、规划和管理提供战略框架。	
基本能力	具备一般专业知识，了解一般工作内容
OPM 4 促进建立、发展组织结构和系统，以实现有效和公平的遗产治理、保护、规划和管理。	• 熟悉关于保护和管理文化遗产地的国内外法律法规和政策。 • 熟悉遗产地国家公共行政架构。 • 熟悉国内外关于文化遗产管理的指导和委任程序。 • 能够运用可促进良好治理和有效管理的原则和常规做法。 • 能够运用相关的最佳实践和示例。
能力描述 应具备的个人能力	要求具备的主要知识（除上述知识外）
OPM 4.1 能在设计和起草关于文化遗产的制度，以及成立相关组织的过程中发挥协调的作用。	• 能够起草相关法律法规（包括习惯法）。 • 能够制定关于组织草拟文化遗产制度的原则和常规做法。 • 能够引用可促进组织发展和能力建设的最佳国际实践和指导。 • 能够运用分析过程，如差距分析。 • 能够制定治理和规划流程。
OPM 4.2 能为文化遗产组织实现良好治理、有效管理和高效管理，制定全面的标准、机制和常规做法。	• 能够运用面向机构的分析技术（如界定愿景和任务，进行形势分析、利益相关者分析、SWOT分析，确定机构目标和优先事项）。 • 能够影响国家制定关于管理和行政的法律法规，以及机构运营的规范和标准。 • 能够影响国家、区域和国际制定关于公众参与和对公众透明的法律法规、协议和条例。 • 了解参与原则与参与实践。
OPM 4.3 能在国家和区域制定、审查和更新文化遗产战略和规划的过程中发挥协调的作用，确保其内容与其他组织的类似举措协调统一。	• 能够影响关于文化遗产及其相关问题的区域政策和法律法规。 • 能够影响关于文化遗产地和文化遗产资源的国家规划和战略（如艺术和文化战略；开发、建筑和建设战略；旅游战略；可持续发展战略和行动计划；气候变化战略；风险防范战略；等等）。 • 了解相关国际公约和协定及其报告要求。 • 了解相关部门的职能及其战略和规划。
OPM 4.4 能在建立和追踪监控国际认定的文化遗产区和文化遗产资源及表现形式的过程中发挥协调统一的作用。	• 能够影响国家的法律法规、政策和实施办法，撰写能让文化遗产区域、文化遗产资源和表现形式得到国际认可的提案，以及提交其法定名称。 • 熟悉国际文化遗产认定的要求和提案流程。 • 熟悉经国际认定后的报告和追踪监控要求。

管理能力		
4级		决策者

组织治理、遗产规划和战略管理（OPM）
成立、治理、管理与领导组织，使其能够良好地运营，为文化遗产保护、规划和管理提供战略框架。

OPM 4.5	推动和协调各项举措，以确定遗产地和资源所提供的服务和利益的价值。	• 熟悉文化遗产评估的理论、原则和被广泛使用的方法与实践。 • 熟悉利益共享机制。
OPM 4.6	能通过促进研究以支持文化遗产规划和管理。	• 能够明确文化遗产保护和管理的主要研究需求。 • 相关研究机构（含国内外）的详细信息。
OPM 4.7	能采用新的方法、科技手段、工具和技术来管理整个系统内的文化遗产组织。	• 掌握关于文化遗产地、文化遗产资源和相关部门的国家政策和法律法规的最新动态。 • 掌握从系统中的文化遗产地收集经验和提取报告的方法。 • 掌握国际上关于文化遗产政策的最新动态，以及关于文化遗产管理的最佳实践。 • 掌握可支持文化遗产管理的现有科技和潜在科技。 • 能够借助潜在的技术解决方案推动管理活动。 • 能够分析各类技术解决方案的优点、缺点、利益和风险。
OPM 4.8	能追踪监控和审查整个系统中文化遗产组织的工作绩效和成果。	• 熟悉公共组织使用的监测和报告系统。 • 能使用标准化指标和工具对工作绩效和管理成效进行测算。 • 能够运用有效沟通的方法，产出结果，得到反馈。

人力资源管理（HCM）
建立一支人员充足、有能力、管理良好，并可提供支持的工作队伍，以更好地保护和管理文化遗产。

	基本能力	具备一般专业知识，了解一般工作内容
HCM 4	确保整个系统拥有数量充足、能力胜任、资源充足且得到资金支持的劳动力。	• 能够运用组织层面的人力资源管理原则和常规做法。 • 能够遵守相关的法律法规、规范、标准和程序。 • 了解相关的最佳实践与案例。
	能力描述 应具备的个人能力	要求具备的主要知识（除上述知识外）
HCM 4.1	能制定具有全局观的人力资源管理政策和程序。	• 能够影响遗产所在国家关于劳动就业的法律法规的制定。 • 能够制定面向机构的雇佣和人事管理规范和标准。
HCM 4.2	能起草职业人员能力发展方案并使之制度化。	• 能够界定职业人员的能力需求，熟练运用需求评估的技术。 • 能够熟练运用促进组织和个人能力建设的方法。 • 能够确定潜在能力建设实施办法的可行性。 • 能够提供能力建设和培训的主要内容。
HCM 4.3	能在国家层面促进文化遗产保护和管理的专业化。	• 能够制定专业标准。 • 能够制定国家教育体系框架。 • 能够制定文化遗产及其相关能力框架。

管理能力	
4级	决策者

财务与运营管理（FOM）	
确保遗产地和遗产组织获得充足的资金和资源，并有效和高效地部署与使用资源。	
基本能力	具备一般专业知识，了解一般工作内容
FOM 4 使整个遗产保护系统能够获得充足的物质和财政支持，并确保这些资源得到有效和高效的利用。	• 能够为国家编制文化遗产保护的预算，制定财政政策和程序。 • 能够运用商业规划和财务管理的原则和常规做法。 • 能够充分利用文化遗产组织所能提供的支持和服务。 • 能多帮助文化遗产地获得国际潜在资金的支持。 • 了解相关的最佳实践与案例。
能力描述 应具备的个人能力	要求具备的主要知识（除上述知识外）
FOM 4.1 能协调文化遗产保护资金和物质资源的调动。	• 关于财务规划和管理的法律、法规和规范。 • 文化遗产地和遗产保护组织的国家预算和融资政策。 • 捐助方支持文化遗产保护和管理的渠道。 • 文化遗产地的服务付费方案。 • 一系列文化遗产地自筹资金的办法。 • 可提高资源使用效率的可行办法。 • 实物资源赞助和捐赠的渠道。
FOM 4.2 能起草编制具有全局观的财务和资源管理政策、程序和规范。	• 能够起草国家财政管理和税收的法律法规。 • 能够编制机构适用的关于预算、财务管理和报告的规范和标准。 • 能够编制机构适用的关于实物资产采购、库存、维护和更换的规范和标准。
FOM 4.3 能协调整合支持和资助文化遗产地的主要提案。	• 能够发掘主要潜在资金来源和支持渠道。 • 能够制定关于项目设计和提案准备的程序。 • 能够制定关于编制预算和财务规划的程序。

管理能力	
4级	决策者

信息管理与行政（IMA）
建立和实施信息管理、文件归档和报告程序。

基本能力	具备一般专业知识，了解一般工作内容
IMA 4 能够在整个遗产系统中建立全面的行政监测、报告和记录系统。	• 能够遵守国内外关于监测、报告和记录文化遗产管理活动的要求。 • 能够遵守信息和知识管理的原则和惯例。
能力描述 应具备的个人能力	要求具备的主要知识（除上述知识外）
IMA 4.1 协调关于遗产管理活动的正式国家或国际报告的汇编和编制工作。	• 能够按照要求和既定格式撰写报告，分享信息。 • 能够使用信息整合和按重要性优先排序的方法。 • 能够对信息进行调查（如清楚关于信息来源、在线搜索、信息请求等）。
IMA 4.2 能确保文化遗产地使用了有效的记录归档和活动管理系统。	• 能够运用适用于大规模数据的管理、检索和安全保护的方法。 • 能够熟练操作文化遗产地和组织所使用的监测、报告和记录系统。 • 能够在经国际认定的文化遗产区使用国际化工具，遵守国际化程序。

沟通、合作与协调（CCC）
发展与应用有效沟通和协调所需的技能。

基本能力	具备一般专业知识，了解一般工作内容
CCC 4 能在高层互动中进行有效沟通。	• 能够运用沟通理论。 • 能够熟练运用复杂情况下的积极沟通原则。 • 精通官方场合的沟通礼仪。
能力描述 应具备的个人能力	要求具备的主要知识（除上述知识外）
CCC 4.1 能有效地参与高级别会议和谈判。	• 能够在高级别会议和谈判中认识到不同的文化和利益需求。 • 具备与社会高层人士往来的正式沟通礼仪。 • 具备一定技术知识，能够理解当下正在审议的主题和问题。
CCC 4.2 能在文化遗产系统中实现有效沟通。	• 能够使用沟通和人际关系网建设的原则和方法。
CCC 4.3 能与其他组织和部门进行有效沟通。	• 能够识别文化遗产系统中的主要利益相关者及其角色和利益诉求。 • 具备建立人际关系网和促成伙伴关系的技能。

基本个人能力　　FPC　　个人能力

APC

高级个人能力

3.3

个人能力

适用所有级别

基本个人能力（FPC）
日常工作所需的基本个人技能和行为。

基本能力	具备一般专业知识，了解一般工作内容
日常工作所需的基本个人技能和行为。	• 能够满足社会对良好行为举止的基本期望。 • 能够满足雇主对良好职业行为的期望。
能力描述 应具备的个人能力	**要求具备的主要知识（除上述知识外）**
FPC 1　能表现出积极的个人工作态度。	• 能够满足雇主的期望，达到雇主设定的标准。 • 掌握自我激励的技巧。
FPC 2　能遵照指示、法律、法规和程序开展工作。	• 能够符合工作要求，满足雇主的期望或达到既定标准。 • 掌握倾听的技巧，具有一定的理解能力。 • 员工享有的法定权利和义务。
FPC 3　能使用具有灵活性和适应性的工作方法。	• 具备沟通技术。 • 能够遵照程序解决工作中所遇到的困难。 • 具备应对压力和繁重工作的技巧。
FPC 4　能在工作中与他人维持良好的关系。	• 具备一定的技巧以实现有效且具有建设性的沟通、协作和团队合作。
FPC 5　能有效地进行口头沟通。	• 具备一定的技巧，掌握一定的方法，彬彬有礼、思路清晰地和他人进行有效的人际沟通。 • 知晓多种沟通方法，可根据不同的群体和个人运用不同的沟通技巧。
FPC 6　具备基本读写素养（阅读和写作）。	• 具备基本的读写能力。
FPC 7　具备基本数学素养。	• 能够进行基本的计算，掌握基本的数学知识。
FPC 8　能敏感地表现出文化、种族、性别和能力问题的意识。	• 对待少数群体和弱势群体能够一视同仁，坚持公平与道德的基本原则。 • 能够明确关于少数群体和弱势群体的具体问题和需求。
FPC 9　能在工作场所和文化遗址现场始终做好安全和环境保护方面的工作。	• 能够符合组织的健康和安全要求，遵守组织的相关程序。 • 了解与工作相关的主要环境危害，以及预防或减少这些危害的方法。
FPC 10　能避免、制止和报告不诚实或违法行为。	• 了解法律法规和政策中所规定的雇主违法、不诚实和腐败行为。 • 具备制止违法行为的技巧。 • 拥有举报违法行为的预案。
FPC 11　能做好个人健康管理工作，保持身体健康。	• 能够了解保持个人健康管理的基本原则和做法。 • 掌握压力管理和缓解压力的技巧。
FPC 12　能使用其他国家语言或方言进行交流。	• 掌握当地语言（方言）或国际通用语言（根据需要）。

主要适用于2级至4级	
高级个人能力（APC） 有效表现和发挥领导力作用所需的个人技能和行为。	
基本能力	具备一般专业知识，了解一般工作内容
有效表现和发挥领导力作用所需的个人技能和行为。	• 熟悉领导力的概念，了解相关规范和惯例。 • 了解个人发展和专业发展的原理和做法。
能力描述 应具备的个人能力	要求具备的主要知识（除上述知识外）
APC 1　能展示出分析能力。	• 具备信息分析和评估技能。
APC 2　能解决复杂问题。	• 掌握识别问题和分析技巧。 • 掌握识别和分析替代解决方案的方法。 • 掌握谈判和解决矛盾的方法。
APC 3　能做出有效的决策。	• 能够制订战略规划。 • 掌握工作计划和组织的方法。 • 掌握制订计划和决策的方法。 • 掌握监测和评估的方法。 • 适应性管理原则。
APC 4　能应对危险的工作环境。	• 能够应对威胁保护区的危险和风险。 • 能够制定战略、计划和程序，化解和应对风险。 • 能够提供风险评估建议和帮助。
APC 5　能在压力下有效地开展工作。	• 具备一定的技巧，能够对问题和任务进行分析，并按重要性进行排序。 • 掌握个人支持和专业咨询的来源。 • 掌握压力管理技巧。
APC 6　能充分利用有限的资源。	• 掌握低成本或免费的资源和支持渠道。 • 了解浪费最小化的方案。
APC 7　对学习和个人发展抱有积极的态度。	• 擅长寻找信息和知识来源（包括线上）。 • 珍惜学习和培训的机会。
APC 8　能积极参与工作，并保持工作透明度。	• 了解与文化遗产相关的利益相关者。 • 掌握参与的方法和技巧。
APC 9　能促进和鼓励团队合作。	• 能够遵循团队合作和团队领导原则。 • 能够应用团队合作和团队领导的良好实践范例。
APC 10　能支持和鼓励个人发展。	• 能够运用监督管理的原则和惯例。 • 能够运用专业咨询和个人咨询的原则和惯例。

专业技术能力

- 人类学
- 建筑学
- 建造行业
- 发展规划
- 工程设计
- 景观建筑
- 材料保护
- 博物馆学
- 城市规划

3.4 专业技术能力

学科领域*

- 人类学
- 考古学
- 建筑学
- 建造行业
- 发展规划
- 工程设计
- 景观建筑
- 非物质文化遗产
- 材料保护
- 博物馆学
- 城市规划

---

* 此处列举的学科领域为参考示例。此框架的使用者可以根据其文化遗产工作的性质添加其他学科领域。后文所述的"专业技术能力"涵盖了与文化遗产管理相关的附加技能和知识,以及从事该专业工作的人员通常需要的基础技能和知识。

人类学

级别	相关职位	基本能力
1级技术工人	人类学家 文化遗产人类学家 文化人类学家 博物馆人类学家	能对社区相关的研究、保护、外联和发展活动实施工作进行规划、管理和监测，尤其是在现存的文化遗产地。
2级中级管理者、技术专家		
3级高级管理者		

能力描述 应具备的个人能力	要求具备的主要知识
· 能够在对文化遗产进行管理的过程中与社区合作（如在便利性、绘图、开列清单、文件编制、传播等工作事项上开展合作）。 · 能够进行民族志研究（如使用访谈、参与式观察等方法）。 · 能够提出适用于保护非物质文化遗产和文化遗产地生活层面的方法和战略。 · 擅长与社会科学家交流。 · 能够设计展览，并对其进行管理（如适用）。 · 能够制定顺应当地文化的社区发展战略（如适用）。	· 保护文化遗产（包括非物质文化遗产）的综合方法。 · 2003年《世界遗产公约》和其他与多样性、跨文化意识相关的公约和宪章。 · 文化遗产管理中的角色和沟通技巧。 · 文化权利。 · 性别。 · 社区的社会经济发展。 · 多种语言（如果可能，最好了解当地方言）。 · 具有文化遗产保护意识。

考古学

级别	相关职位	基本能力
1级技术工人	相关职称考古学家	能对考古资源的研究和保护进行规划、管理和监测。
2级中级管理者、技术专家		
3级高级管理者		

能力描述 应具备的个人能力	要求具备的主要知识
· 能够根据法律和协议制订考古调查、研究和保护计划，继而实施计划。 · 能够选择影响最小的方法，如非侵入性技术。 · 能够设计并实施挖掘后的工作方案和景观恢复方案。 · 能够进行跨学科研究。 · 能够采用社区参与的方式规划和开展考古工作。 · 能够制定与实施具有适用性的风险管理办法，确保资源得到适当的保护。 · 能够为交流或展览准备相关材料。 · 能够有效地管理和传播数据。	· 能够遵循道德与文化，了解社区权利。 · 全球标准和地方标准。 · 考古遗址保护的法律法规。 · 发展规划和实施。 · 健康和安全法规。 · 其他学科所发挥的作用。 · 熟悉材料保护流程。 · 能够对他人进行教育，对公众进行宣传。 · 掌握非侵入性取样方法。 · 了解地理学，包括地貌学。

建筑学		
级别	相关职位	基本能力
1级技术工人	建筑历史学家 建筑师 建筑物历史学家 建筑遗产官员 工程师 保护技术员 保护建筑师 建筑监理 土木工程技术员	能对建筑遗产评估、保护、管理、监测和维护等相关项目和活动进行规划、管理与追踪。
2级中级管理者、技术专家		
3级高级管理者		

能力描述 应具备的个人能力	要求具备的主要知识
• 能够根据各种来源（包括文献、档案、旧建筑图纸、平面图和历史地图）对建筑的历史、遗产地和现场环境进行历史研究。 • 能够绘制文物建筑的测绘图。 • 能够界定重要要素并评估其重要性（即价值评估）。 • 能够评估并记录文物（建筑）的状况。 • 能够识别建筑所处的不同阶段，辨别先前使用的保护干预措施。 • 能够提出适当的保护方法以解决问题。 • 能够在工作现场监督管理承包商的操作和用料。 • 能够设计与文物建筑相融合的新建筑、组成部分和服务内容。 • 能够采用适当的操作办法（包括改造后再次使用），实现使用者和其他关键利益相关者利益的最大化。 • 能够遵守当前关于建筑性能的法规。 • 能够向建筑公司、社区和施工团队的其他成员学习。 • 能够起草研究和项目提案。 • 能够鉴别不同建筑的建造阶段，识别建筑本身所经历的改动。 • 能够了解专业性研究，如树木年代学研究、材料研究、室内历史研究和颜色研究（如适用），以及具备委托此类研究的能力。 • 能够进行摄影记录。 • 能够绘制修复或改造图纸。	• 国际、区域和当地的最佳做法。 • 建筑风格和类型。 • 了解建筑历史。 • 了解建筑设计和施工特色。 • 理解结构、机械、电气、通信、公用设施和管道，以及建筑专业系统和组成部分。 • 了解当地社区和利益相关者。 • 文物建筑中使用的材料、施工细节和技术。 • 能够使用诊断测试的方法分析建筑物。 • 能够对文物建筑使用技术性解决方案（包括抗震加固），同时保护文化遗产关键属性。 • 历史建筑的特点（结构、通风系统等）。 • 建筑遗产保护理论。 • 建筑类型和建筑风格中关于社会和历史的内容。 • 城市规划史。 • 建筑历史和理论。 • 能够预判未来建筑和城市的发展趋势。 • 具备关于建筑施工的基础知识。 • 具备关于材料的知识，了解历史材料和施工方法。 • 具备相关领域的知识，如建筑考古学、色彩历史、园林历史、修复、内部历史和树木年代学。 • 了解关于遗产区域及建筑、规划等方面的现有政策和法律框架。 • 掌握研究方法。 • 掌握以价值为本的文物保护方法。 • 了解关于文物真实性和文物保护的伦理。 • 了解关于建筑物（建筑结构）的技术层面内容。 • 了解关于遗产区域及建筑、规划等方面的现有政策和法律框架。

建造行业		
级别	相关职位	基本能力
1级技术工人	瓦匠 建筑工人 石匠 木匠 泥水匠 茅草匠	能对建筑遗产和遗址进行保护和维护干预。
2级中级管理者、技术专家		
3级高级管理者		

能力描述 应具备的个人能力	要求具备的主要知识
• 能够对建筑进行测绘，了解建筑的情况，并以规定格式记录信息。 • 能够界定建筑的不同建造阶段，找出最初使用的保护干预措施。 • 能够阅读并理解文物保护计划和说明。 • 能够根据保护计划开展小型和大型文物保护干预措施。 • 能够正确取材。 • 能够恰当使用各类材料。 • 能够选择并使用适当的施工技术和工具或设备。 • 懂得如何筹备材料。 • 能够维护工具和设备。 • 能够做口头或书面报告（包括能够陈述对建筑条件和文物保护干预措施的观察）。	• 理解建筑历史。 • 能够理解文物保护原理的基本内容。 • 掌握传统建筑施工技术。 • 掌握文物保护技术。 • 了解不同建筑材料的类型和特点（包括现代建筑材料和传统建筑材料）。 • 了解文化遗产年久腐烂和惨遭破坏的过程和原因。 • 了解关于职业安全和健康的措施。 • 能够根据建筑物和结构的类型和情况，使用适当的材料和施工技术对其进行修缮、复原、保护和维护。

发展规划		
级别	相关职位	基本能力
1级技术工人	规划官员 经济事务官员 社区事务官员 旅游官员 发展专家	能规划、管理和监督活动，确保文化遗产管理的目标和行动与开发的目标和行动保持一致，反之亦然。
2级中级管理者、技术专家		
3级高级管理者		

能力描述 应具备的个人能力	要求具备的主要知识
• 能够撰写项目提案，将文化遗产地与可持续发展目标联系起来。 • 能够与其他利益相关者（包括参与发展倡议的社区、公共部门和私营部门组织）进行有效谈判、协调和沟通，确保社区获得最大利益，对遗产造成最小负面影响。 • 能够评估开发建议。 • 能够胜任项目管理工作。 • 能够在制订文物保护管理计划、城镇规划等方面提供技术指导。 • 能够起草并实施政府政策。 • 能够整合现有规划模式，做出让各方利益互不冲突的方案。	• 了解"2030年议程"和"可持续发展目标"。 • 了解UNESCO"将可持续发展观点纳入《世界遗产公约》进程的政策"。 • 了解国家、区域和省级发展规划和目标。 • 了解发展前景和方法。 • 遗址开发的相关指数和指标（贫困率、旅游开发、人口统计等）。 • 掌握以价值为本的文物保护方法。 • 详细理解文化遗产地的文物保护管理计划，以及要保护的关键价值和属性。 • 能够进行可行性研究、成本效益分析、统计分析、基本建模和情景规划。 • 掌握文化遗产影响评估过程和原则。 • 了解旅游发展规划的原则。 • 掌握管理和推动社会变迁的方法。

工程设计		
级别	相关职位	基本能力
1级技术工人 2级中级管理者、技术专家 3级高级管理者	工程师 建筑师 建筑遗产官员 保护官员 施工监理 土木工程技术员	能规划、管理、追踪监控和实施与文物保护项目工程相关的项目和行动。
能力描述 应具备的个人能力		要求具备的主要知识
<ul><li>能够对文化遗产的建筑结构进行系统化评估。</li><li>能够进行计算，根据结构特点进行建模。</li><li>能够完成委托材料取样和测试工作，并对该工作进行评估。</li><li>能够描述文物建筑结构的特点和性能。</li><li>能够理解和认定结构应力的成因。</li><li>能够了解现有结构的环境性能，即与水文和地震环境相关的性能。</li><li>能够采取对文物建筑结构起到支撑、增强和加固的措施。</li><li>能够撰写招标文件（如需要）。</li><li>能够确定适当材料和设备的规格。</li><li>能够对历史建筑进行必要的操作，使其得到支撑、增强或加固，或能够对该操作进行督导。</li><li>能够雇用和监督技术人员和熟练工人。</li><li>能够进行现场监测。</li><li>能够做好应急预案。</li><li>能够与其他学科领域（包括建筑学）和利益相关者进行协调。</li></ul>		<ul><li>理解建筑物结构的类型及其特点（包括对建筑物进行改造后随着时间的推移出现的变化）。</li><li>了解结构缺陷。</li><li>掌握文物建筑中使用的材料、建造技术和细节。</li><li>掌握材料科学。</li><li>了解工作范围和性质（条件、结构、技术、周围环境）。</li><li>能够通过对文物建筑结构所需的诊断测试进行分析。</li><li>能够对文物建筑使用技术性解决方案（包括抗震加固），同时保护其关键文化遗产属性。</li><li>能够了解文物建筑的特点（结构、通风等）。</li><li>具备一定的敏感度，了解当地社区和使用者的需求。</li><li>具备项目管理技能（如需要）。</li></ul>

景观建筑		
级别	相关职位	基本能力
1级技术工人	景观建筑师 建筑师 园林历史学家 规划师 建筑遗产	能对关于评估、保护、管理、追踪和维护文化景观相关的项目和行动进行规划、管理与追踪监控。
2级中级管理者、技术专家	^	^
3级高级管理者	^	^

能力描述 应具备的个人能力	要求具备的主要知识
- 能够对现场进行观测、研究和分析。 - 能够使用各种来源［包括文献、档案、旧建筑图纸和计划、历史地图和遥感数据（包括使用激光雷达获得的数据）］对文化景观进行研究。 - 理解不同类别的景观及其属性。 - 能够进行价值评估。 - 能够对景观进行记录，包括对其建筑和自然特征进行记录。 - 能够界定景观中的重要要素并评估其重要性。 - 能够合理使用地理信息系统（即GIS）记录和监测景观情况。 - 能够提出保护和管理景观的适当方法。 - 能够做总体规划和景观规划的设计，采用现代的方法保护遗址的文化遗产价值，最大限度减少对遗产产生负面影响。 - 能够为新的功能和基础设施做设计，使其与文化景观融为一体（如步道、公路、亭台楼阁、水体等）。 - 能够在工作现场监督管理承包商的操作和用料。 - 能够遵照关于环境和城市规划的规定以及其他法规。	- 了解区域和景观的发展过程，包括生态和地质现象变化过程及其随时间发生的变化。 - 了解不同社会产生和发展的方式，特别是它们与当地环境和周围环境所产生的互动（即人与自然的互动）。 - 掌握文物保护和文化遗产管理理论和常规做法中与景观相关的内容。 - 掌握景观设计理论与方法。 - 了解景观设计的历史及文化与政治之间的联系。 - 能够提出基于顺应自然的解决方案。 - 具备当地重要植物的种类及其习性的知识。 - 具备当地重要动物的种类及其习性的知识。 - 了解关于景观（包括花园、果园、菜园、庭院和公园）的政策和法律框架。 - 了解生态和环境管理问题（包括生物多样性保护）。 - 了解其他相关学科的基础知识，如生态学、历史学、园艺学、建筑学、考古学、自然科学、地质学和地理学。

非物质文化遗产		
级别	相关职位	基本能力
1级技术工人	非物质文化遗产官员 当地非物质文化遗产实践者 当地长者 人类学家 音乐、视觉艺术、手工艺民俗节日等方面的专家 社区事务官员 研究员（从事本土文化研究）	能计划、管理和追踪监控与保护非物质文化遗产相关的行动，特别是在现存的文化遗产地。
2级中级管理者、技术专家		
3级高级管理者		

能力描述 应具备的个人能力	要求具备的主要知识
• 能够完成非物质文化遗产的文献记录工作或对该工作提供指导。 • 能够开展或指导编制清单工作，特别是用基于社区的方法进行。 • 能够界定非物质文化遗产的生存与保护方面所面临的挑战。 • 能够在对非物质文化遗产要素相关问题进行决策的过程中界定关键因素。 • 能够界定非物质文化遗产要素对社区的重要性。 • 能够与社区和其他利益相关者进行协商，提出与非物质文化遗产传播和保护相关的合适办法和策略。 • 能够制定关于非物质文化遗产的教育、认知提高和能力建设的文字材料和方案。	• 掌握非物质文化遗产的一般内容。 • 了解联合国教科文组织于2003年通过的《保护非物质文化遗产公约》。 • 熟悉非物质文化遗产的各个领域，如传统口头表达文学、表演艺术和手工艺。 • 掌握记录、清点和保护等方面的技术和方法。 • 了解自由、事先知情同意原则（FPIC）和与社区参与相关的其他准则。 • 了解保护非物质文化遗产的道德和伦理。 • 能够界定性别问题。 • 能够遵守可持续发展原则。 • 了解当地历史或社区历史。 • 了解当地语言和方言。 • 了解社区成员关系以及每个社区成员的角色。 • 了解与非物质文化遗产要素相关的其他本地系统。 • 了解与非物质文化遗产要素相关的禁忌。 • 了解非物质文化遗产要素的演变。 • 了解各种非物质文化遗产要素之间的相互关系。

材料保护		
级别	相关职位	基本能力
1级技术工人	文物保护员/修复员 专业保管书籍、纸张（艺术作品和档案）、档案、照片、视听资料（模拟或数字资料）、绘画、砖、玻璃、石头、贝壳、陶瓷、象牙骨骼、有机材料或纺织品的工作人员 保护科学家 化学家、物理学家 实验室技术员 现场文物保护员	能计划、管理和追踪监控文物保护相关的干预措施（指在文物本体、建筑或结构层面进行保护的干预措施）。
2级中级管理者、技术专家	^	^
3级高级管理者	^	^

能力描述 应具备的个人能力	要求具备的主要知识
• 能够设计、实施和指导条件评估。 • 能够根据具体情况与专家进行合作，委托完成诊断测试。 • 能够设计适当的文物保护措施，包括预防性和补救性保护（包括虫害管理）。 • 能够提出与实施追踪监控和维护相关的策略。 • 能够对材料特点和保护干预措施进行研究。 • 能够设计并实施环境监测过程。 • 能够完成备灾和风险评估工作。 • 能够设计和管理保管和展览空间。	• 了解物理、化学相关内容。 • 掌握文物保护知识。 • 掌握历史建筑、装饰、雕塑、壁画、绘画等的材料属性。 • 掌握建筑物和材料的退化机制。 • 了解能对物质文化遗产造成威胁的因素，其中包括湿度、环境条件、害虫及与其他材料发生关系的相互作用。 • 能够运用有效且适当的干预措施，对建筑遗产和文化遗产进行预防性保护、保养、稳固和修复。 • 掌握可用于保护文物的传统方法和当地传统方法。 • 掌握环境控制措施。 • 掌握新技术和文物保护措施。 • 掌握适宜用于文物保护的新材料。

博物馆学		
级别	相关职位	基本能力
1级技术工人	馆员 藏品经理 文物保护员 展览设计师 教育/外联官员 博物馆技术员 研究员 志愿者/讲解员 安保员 建筑/设施官员	能设计、实施和追踪监控与藏品和博物馆管理相关的干预措施，包括购置、归档、保存、教育、阐释和设施管理。
2级中级管理者、技术专家	^	^
3级高级管理者	^	^

能力描述 应具备的个人能力	要求具备的主要知识
• 能够制定与落实收藏品管理条例。 • 能够完成关于收藏品及其护理的相关研究设计，开展相关研究工作。 • 能够做好档案工作，包括登记入册、汇编目录，以及其他记录保存工作。 • 能够设计、规划、布置、监控和维护展览。 • 能够制定、实施和监测关于环境和虫害的控制计划和措施。 • 能够完成解说规划与教育活动。 • 能够制定与指导关于藏品风险管理的规划和战略，其中包括防灾避险计划和应急响应办法。	• 能够以博物馆专业的标准和行为准则要求自己。 • 能够遵守博物馆政策和程序标准。 • 了解关于博物馆的理论和实践。 • 了解关于博物馆的历史。 • 具备策展知识。 • 具备与材料保护、环境控制和虫害管理相关的知识。 • 库房和藏品管理。 • 了解国家和国际层面与文物有关的法律和公约。 • 了解处理非法运输物品及其遣返的程序和规定。 • 掌握关于文化和自然资源收藏品的研究工具、技术和方法。 • 了解关于终身学习的原则和方法。 • 了解与文化遗产阐释相关的原则和技术。 • 了解与处理遗产地居民、知识产权和人文遗迹有关的道德规范。 • 了解风险管理相关知识。 • 了解相关领域的基本原则，包括物质文化、历史、人类学、考古学、民族学、建筑学、艺术史和信息技术。

城市规划		
级别	相关职位	基本能力
1级技术工人	城市规划师 城镇规划师 城市设计师 景观建筑师 建筑师 区域规划师 建筑遗产官员	能对关于评估、保护、管理、追踪监控和维护遗址所在城市和区域环境相关的项目和行动进行规划、管理与追踪监控。
2级中级管理者、技术专家	^	^
3级高级管理者	^	^

能力描述 应具备的个人能力	要求具备的主要知识
- 能够针对处于城市环境中的历史建筑和其他文化遗产资产开展资产清点和文献记录工作，并对该工作内容进行维护和更新。 - 能够设计和执行参与式绘图和咨询流程，以确定和评估与城市历史景观相关的价值，包括建筑遗产和相关社会经济、环境发展进程和特点。 - 能够对新开发项目进行设计审查，并能在需要时提出适当措施。 - 能够制定城市历史景观的保护和发展战略。 - 能够制订适当的城市和区域规划（包括城市设计、土地使用、区域划分、住房、基础设施开发、环境管理和开发控制指南、计划和措施），以保护历史城市景观的特点，让新设施受到广泛欢迎。 - 能够对文化遗产价值产生影响的开发项目进行视觉和遗产影响评估。 - 能够对提议的干预措施所带来的社会经济影响进行可行性研究和分析。 - 能够设计出具有激励作用的政策和措施，采用兼顾多方面的方式对历史城市景观进行保护、投资和开发。 - 能够为制定可持续利用遗产资源的城市生存战略和经济发展战略做出贡献。	- 了解城市历史体系和动态发展过程。 - 了解城市的结构、制度、联系和运营方法。 - 了解国际和区域关于保护和管理城市遗产的最佳做法。 - 文化遗产和城市规划的政策和法律框架，其内容涵盖管理城市历史景观（文化遗产、自然景观和社会经济景观）的各个方面，如关于土地使用、环境、公共卫生和公共空间的各类法规。 - 文化遗产影响评估的原则和程序，特别是与设计审查流程、开发项目审批和规划批准相关的原则和程序。 - 善用城市文化遗产规划工具，包括文物保护激励措施（如开发权转让、税收抵免）。 - 了解公众参与式规划原则和程序。 - 掌握决策和建立共识的方法。 - 了解与规划和文化遗产相关的可持续发展目标（即SDG）。 - 了解当地和区域文化遗产分类系统。

第4章
文化遗产管理专业研究生教育的学术学习成果

概况

《能力框架》不仅适用于文化遗产专业人员和组织，也适用于教育机构。UNESCO编修了《学习成果》，旨在让各大高等教育机构可以更好地使用本书，帮助文化遗产管理专业毕业生的学习成果与从事文化遗产管理工作所需的职业技能和知识进行衔接。由于亚太地区大多数培养文化遗产管理专业人才的学位课程都是硕士学位课程，因此本书所列举的学习成果是专为硕士阶段的课程设计的。

虽然从事文化遗产管理工作的专业人员需要通过工作和个人阅历不断积累经验和知识，但如果通过文化遗产管理课程接受学术训练，学生能打下坚实的基础，为在工作中有出色的表现做好准备。有了坚实的基础，毕业生便能在将来更好地满足行业需要，达到业务要求，从而提高所在地区的文化遗产管理水平。此外，在整个亚太地区推广学术教育与职业实务相一致的文化遗产管理专业学术课程，也将促进高等教育合作，加强知识共享，促进学术交流和互动。

高等教育机构可将《学习成果》作为与课程相关的参考资料使用。虽然每个课程无法包含所有的学习成果，并且为实现这些学习成果，每个课程的性质和所需开设的课程数量也有所不同，但该文件仍然可以协助高等教育机构审查现有课程，设计新课程，以及对学生进行期中和期末评估。

《学习成果》的内容源自本《能力框架》中的"核心能力"和"管理能力"内容。在起草这份文件时，使用了布鲁姆的分类法与知识、技能和态度框架。因此，该文件参考与引用了此分类法和KSA类别中所使用的适当"行为动词"。

《学习成果》的起草工作于2018年11月3日至4日在东南大学（中国）主办的会议上启动。该《学习成果》在经过亚太地区提供文化遗产管理课程的大学（包括亚洲文化遗产管理学会网络成员）与来自地方和国际上的文化遗产领域机构（包括ICCROM和WHITRAP）和专家进行广泛商讨之后，得以进一步完善。随后，新加坡国立大学和中国的香港大学分别于2019年3月25日至26日和2019年6月3日至4日召开了专家会议正式审核了该《学习成果》的内容。

4.1 主要学习成果

ALR		确保法律法规的执行
总体学习目标		使毕业生能够将现有的法律规定，包括国际文本应用于文化遗产管理，并评估对这些文本的遵守情况，找出保护文化遗产文本中的不同之处。

层面		学习成果（学生应具备的素养）
知识	1	能解释与文化遗产相关的政策和法律法规，包括特定背景下的规划和发展政策。
	2	能分析特定背景下与文化遗产相关的国际公约、协议和政策。
	3	能根据文化遗产所有人和利益相关者的权利和需求，以及国际公约和规定的遵守情况，对文化遗产保护和管理的相关法律和实施状况进行评判。
技能	1	能界定所有潜在的自然和人为风险，如从社会经济压力到违法行为，从轻微影响到对地方和国家文化遗产的严重破坏。
	2	能根据文化遗产所面临的风险和威胁，采取适当的预防和追踪监控措施，做好必要的合乎法律的文化遗产保护和管理工作。
	3	能评估文化遗产法律保护体系中的不同或相似之处，尽可能地在法律保护体系不完善的情况下对遗产地管理做出规划（在实际情况中，各机构的管辖权可能出现模棱两可的情况或文化遗产工作涉及多个机构）。
态度	1	能在与文化遗产保护和管理相关的现行法律制度提供的框架内协调所有遗产管理活动。
	2	能遵守适用的法律和政策，表现出专业精神和责任感。
	3	能根据文化遗产管理相关的道德标准和行为准则，以客观的态度履行专业职责，在文化遗产问题的理解上，充分尊重不同观点。

HER	遗产政策、原则、程序和伦理
总体学习目标	毕业生应能在文化遗产管理中应用相关的遗产政策、原则、流程和道德规范。

层面		学习成果（学生应具备的素养）
知识	1	能根据特定的情况或遗址解释文化遗产管理原则和标准，包括以价值为本的方法和世界遗产运营指南（就世界遗产而言）。
	2	能参照特定背景，评估有关文化遗产的国际公约和宪章。
	3	能详细阐述以价值为本的文物保护过程的法律和组织上的要求。
	4	能将影响评估的原则和流程［如文化遗产影响评估（HIA）和环境影响评估（EIA）］应用于文化遗产管理整体流程中。
	5	能界定文化遗产部门的一般道德问题，以及关于特定领域或特定遗产管理案例的道德标准或原则。
技能	1	能应用以价值为本的文物保护政策和指南来识别、研究、诊断和记录各种形式的文化遗产资源、追踪监控和评估、风险管理及影响评估。
	2	能评估遗产地适用文化遗产管理原则和相关公约的实施情况，包括项目提案和实施流程。
	3	能对遗产地或项目进行风险和影响评估（例如灾害风险和关于文化遗产、社会和环境层面的影响评价），以确保文化遗产价值得到保护。
	4	能根据政策、公约和道德原则制定管理和追踪监控文化遗产地现场的制度和流程。
	5	能根据最佳实践制定相关策略，将其应用于特定项目或文化遗产地现场活动。
态度	1	能在贯彻落实政策及解决问题时，遵照道德规范。
	2	能促进团队和组织内的协作，以满足文化遗产管理的需求和流程。

CRK		社区、权利和知识
总体学习目标		毕业生应能够认识和管理当地社区的权益，并将其传统知识融入到文化遗产管理中。

层面		学习成果（学生应具备的素养）
知识	1	能评估不同利益相关者、社区和文化在文化遗产管理方面的需求。
	2	能讨论基于权利的方法以及与文化遗产管理相关的其他相似类型的开发。
	3	能评估关于文化遗产地、当地社区、原住民、人权和传统文化的国家、区域和国际政策、法律法规、规划及援助方案。
	4	能评估在不同背景下将传统文化融入文物保护过程和行动的各种方法，以及法律和组织要求。
	5	能阐述适用于文化遗产管理的社区参与原则、实践和办法。
技能	1	能开展参与合作式研究，收集与文化遗产相关的社会经济信息。
	2	能系统地识别社区文化体系中的各利益相关方及其在文化遗产管理过程中发挥的作用。
	3	能评估文化遗产管理中的人权和道德实践问题，并确定相应的可行的应对措施。
	4	能运用适当的参与式战略，将社区及其文化融入文化遗产管理过程中从决策到实施的各个阶段。
	5	能在文化遗产存在争议的情况下，制定适当的谈判策略和冲突解决策略。
态度	1	在与多个利益相关方进行沟通时能做到相互尊重，确保在所有决策过程中听取他们的声音。
	2	能尊重一起共事、与之有互动的人以及可能对其产生直接或间接影响的人，尊重他们的权利、选择和不同观点。
	3	能与包括专业人员在内的所有利益相关者建立信任和合作（肯定专业人员的地位和特权）。

HED		遗产教育和阐释
总体学习目标		毕业生应能了解包容性文化遗产的阐释原则和实践及提高公众认识和进行教育的方法，能够为不同的受众、访客和使用者制作阐释和教育材料。

层面		学习成果（学生应具备的素养）
知识	1	能运用文化遗产阐释的原则和流程，编写教育材料，以提高公众对文化遗产价值、传统文化体系和法律规定的认识。
	2	能遵照国家和国际上的政策、法律法规、战略和准则，编写关于文化遗产的阐释和提高认识的材料。
	3	在为提高公众对文化遗产认识和进行教育而准备阐释材料时，能使用有效沟通和设计的原则。
	4	能评估各种人际沟通和解说技巧，提高文化遗产教育和阐释水平。
	5	能将参与式决策原则和方法应用到文化遗产管理中。
技能	1	能界定各利益相关者及其各自的沟通需求，为他们准备适当的阐释材料。
	2	针对不同的利益相关者（包括游客、决策者和广大群众）能应用适当的沟通策略，以非技术语言编写教育材料，传递文化遗产地的各个方面内容和价值。
	3	能为不同的受众制定与文化遗产地相关的宣传材料，如现场告示、标识和解说材料。
	4	能设计阐释材料，运用多层次的沟通和解说策略，用于旨在提高认识以及起到培训和教育作用的活动方案。
	5	能评估社区参与方案，使其符合国家政策框架及当地遗址现场的需求。
	6	能为文化遗产传播、外联和媒体战略（包括数字化和社交媒体技术）做出贡献。
态度	1	能推广一系列沟通技能，让公众更有意愿参与到文化遗产的相关工作中。
	2	能了解数字化技术和媒体（包括社交媒体），充分挖掘这些工具的潜力，提高公众对文化遗产管理的兴趣，鼓励其积极参与。

SUS		可持续发展
总体学习目标		毕业生应具备关于可持续发展原则的知识，在从事文化遗产的相关工作中实现可持续发展目标。

层面		学习成果（学生应具备的素养）
知识	1	能对可持续发展目标做出评价，了解可持续发展基本原则和各方面问题（包括扶贫、气候变化、环境保护、社会经济发展、旅游开发等方面的问题），以及文化遗产管理原则（包括价值、文化背景、文化体系及文化实践）。
	2	能将可持续发展目标和原则指南与文化遗产管理政策和组织框架联系起来。
	3	能阐明各种在遗址现场所从事的活动和组织管理活动如何与可持续发展目标相关，或如何有助于实现可持续发展目标。
	4	能对全面的游客管理及其他与可持续发展目标一致的经济框架做出评价。
	5	能确立传统文化和管理制度对实现可持续发展目标的重要性。
技能	1	能根据可持续发展原则，制定以遗产价值、社区和文化多样性为中心的遗产管理活动和项目的目标和战略。
	2	能充分分析经济、环境与社会方面的因素，运用旅游业和游客管理知识、借鉴商业和企业经营战略以及创造就业机会，制订与可持续发展目标有明确联系的文化遗产管理规划。
	3	能评估遗产地及其周围基础设施和经济发展所带来的社会经济和环境方面的影响，确保在工作中遵守可持续发展原则。
	4	能制订灾害风险管理计划（包括减轻气候变化影响的行动），在实施计划中能善用制定的战略，以产出有效的成果。
	5	能在进行文化遗产管理规划时，充分考虑到传统文化和本土文化体系，以及有利于实现可持续发展目标的其他任何活动。
态度	1	能够将可持续发展的概念和实践与文化遗产整体价值和管理体系联系起来。
	2	能够设计出可实现可持续发展多个目标的文化遗产管理整体办法。

4.2 管理学习成果

OPM	组织治理、遗产规划和战略管理
总体学习目标	毕业生应具备组织治理、文化遗产规划和战略管理相关的管理知识和技能。

层面		学习成果（学生应具备的素养）
知识	1	能够遵守现行的法律法规、组织政策以及文化遗产管理和行政程序。
	2	能将项目组织管理的原则和流程与文化遗产部门联系起来。
	3	能将良好治理的原则和做法（包括参与协作流程）纳入文化遗产管理。
	4	能将文化、数据管理（包括数据安全、存储和检索）的原则和做法运用到文化遗产清单和数据库管理的工作。
	5	能根据遗产部门的情况对国家或区域规划方案和战略做出调整。
	6	能将现行的国际公约和报告要求与当地的文化遗产做法联系起来。
技能	1	能在文化遗产组织制定战略规划、管理和追踪监控过程时做出贡献。
	2	能评估文化遗产管理系统的组织和运作机制（包括当代组织、传统文化和管理体系的组织运作机制）。
	3	根据组织管理、良好治理和文化变革的理论，为遗产组织设计一个高效的运营和管理体系，以及必要的能力建设和变革管理过程。
	4	能撰写关于申请拨款和筹集资金的提案，以支持文化遗产管理活动，并遵照汇报流程进行操作。
	5	能运用合作和建立关系网的技能，具有战略性地建立利益相关者网络，展开文化遗产管理活动。
	6	开发将传统知识和遗产管理系统纳入当代组织和项目管理的方法。
态度	1	能将战略规划过程纳入文化遗产管理实践中。
	2	能将沟通、建立关系网和伙伴关系的技能融入职业文化中。
	3	具有良好的人际交往能力，具有团队精神。

HCM	人力资源管理
总体学习目标	毕业生应能更好地了解关于文化遗产项目和组织的人力资源管理，掌握相关的知识和技能。

层面		学习成果（学生应具备的素养）
知识	1	能运用关于文化遗产组织人力资源管理的基本原则和实践。
	2	能将劳动就业法律法规与文化遗产组织和项目联系起来。
技能	1	能修订文化遗产组织的管理结构和流程，包括人员需求、职位描述、执行标准和评估流程。
	2	能制订工作计划，包括执行、实施指标以及追踪监控系统。
	3	能制定制度和程序，以规范工作人员和合作伙伴的道德和行为，促使其按照高标准行事。
	4	能在必要时判定文化遗产部门人员、利益相关者和合作伙伴的能力发展需求。
	5	能采用基于能力的办法为文化遗产部门做人力资源规划和管理。
	6	能针对不同级别的工作团队和任务设计客观的评估标准。
态度	1	能展示团队合作文化，在进行文化遗产管理工作中牢记多元化和参与式的价值。
	2	在指导团队成员和能力建设时能遵照管理伦理标准进行。

FOM	财务与运营管理
总体学习目标	毕业生应具备基本的财务和运营管理技能，能满足文化遗产项目和组织的期望，为其提供指导。

层面		学习成果（学生应具备的素养）
知识	1	能将财务和资源管理的核心概念与文化遗产部门联系起来。
	2	能分析国家关于文化遗产保护的预算、财政政策和程序。
技能	1	能为文化遗产组织和活动制订商业计划和具有可持续性的融资计划。
	2	能为文化遗产组织和活动编制年度预算及资金和资源配置计划。
	3	能以法律为依据分析财务报告和审计信息。
	4	能挖掘国家和国际上可能为文化遗产地提供资助和支持的潜在资源。
	5	能评估组织的采购操作和采购需求，并按照标准程序进行采购。
	6	能将从相关的最佳实践和实例中吸取的经验教训联系起来，加强特定遗产管理项目或组织中的具体财务和资源管理能力，以应对各种挑战。
态度	1	能积极推动将财务和资源管理的内容纳入文化遗产管理流程。
	2	能根据实际情况运用数字化工具，以加强项目和组织管理的运作机制，完善问责制。

IMA	信息管理与行政
总体学习目标	毕业生应熟悉行政管理的各大基本职能，包括修订文件和报告。

层面		学习成果（学生应具备的素养）
知识	1	能将信息管理的原则和流程与文化遗产管理报告的行政管理要求联系起来。
	2	能把必要的组织政策和程序应用于遗产资源和行动的文件归档工作中。
技能	1	能按照法律法规和组织程序，使用既定的程序记录和报告文化遗产活动。
	2	能使用适当的信息存储和检索系统，使其成为文化遗产资源和活动的一部分。
	3	能编写关于组织活动及其运作的分析和技术报告。
	4	能为会议、协商和谈判的归档工作编制适当的制度。
	5	能评估所有记录和文件的完整性、效能以及安全性。
	6	能采取措施全面追踪监控和报告组织的表现情况。
态度	1	养成对文献和报告进行批判性审查的习惯，确保文化遗产管理工作中的文件归档和报告流程清晰和详尽。
	2	能在各级的文化遗产管理和汇报工作中建立问责制和责任文化。

CCC	沟通、合作与协调
总体学习目标	毕业生应具备文化遗产管理实践所需的适当沟通和协作技能。

层面		学习成果（学生应具备的素养）
知识	1	对可能使用的沟通策略和工具进行分析，以确保组织或项目内部就文化遗产管理问题能进行良好沟通。
	2	能将组织沟通原则与文化遗产管理流程联系起来。
	3	能与文化遗产部门讨论相关的合作原则和实践（文化遗产利益相关者之间的合作，以及负责基础设施开发与社区发展和具有不同治理水平的其他专业部门之间的合作）。
技能	1	能将相关的沟通理论、策略和技术（口头、书面、视觉、多媒体等）应用于文化遗产管理实践。
	2	在文化遗产管理过程的各个阶段，能与不同的利益相关者、团队成员和合作伙伴进行有效沟通。
	3	能使用有效的冲突解决技术，以协商或以其他更佳的方式解决与文化遗产管理相关的所有争端。
	4	能使用适当的语言交流技巧和视觉辅助工具，就文化遗产问题进行有效的介绍。
	5	能编写适合不同受众（群体和个人）的关于文化遗产问题的书面材料。
	6	能将高效的团队合作或协作原则和实践应用于文化遗产部门。
	7	能运用适当的培训材料和技术培训与团队成员进行有效沟通。
	8	能通过使用适当的辅助技术，关注与了解与会者的个人信息、需求和兴趣，确定高效的会议和研讨会的形式和程序。
态度	1	在日常对文化遗产进行识别、记录和管理的各个阶段中，能表现出善于沟通、倾听与合作。
	2	能在文化遗产管理团队内部和利益相关者之间促进、倡导参与和协作的文化。

参考文献

美国历史和艺术作品保护协会（American Institute for Conservation of Historic and Artistic Works，AIC），2003，《定义文物保护员：核心能力》（Defining the Conservator: Essential Competencies），http://www.conservation-us.org/docs/default-source/governance/defining-the-conservator-essential-competencies.pdf?sfvrsn=1（访问于2020年5月15日）。

阿普尔顿，M.R.，2016，《全球保护区实践者能力清单：保护区和其他文物保护区管理人员、工作人员和管理员必备技能、知识和个人素质的综合目录和用户指南》（A Global Register of Competences for Protected Area Practitioners: A comprehensive directory of and user guide to the skills, knowledge and personal qualities required by managers, staff and stewards of protected and other conserved areas），Gland, Switzerland，IUCN WCPA，https://portals.iucn.org/library/node/46292（访问于2020年5月15日）。

阿普尔顿，M.R.，Texon，G.I.，Uriarte，M.T.2003，《东南亚保护区执业能力标准》（Competence Standards for Protected Area Jobs in South East Asia），Los Banos, Philippines，ASEAN Regional Centre for Biodiversity Conservation，https://rmportal.net/biodiversityconservation-gateway/learning-groups/combating-wildlife-trafficking/documents/competence-standards-for-protected-area-jobs-in-south-east-asia/view。

澳大利亚建筑师资格协会（Architects Accreditation Council of Australia，AACA），2015，《国家建筑师执业能力标准》（The National Standard of Competency for Architects），http://competencystandardforarchitects.aaca.org.au/library/page/document/nsca-briefing.pdf。

东南亚国家联盟，2008，https://asean.org。

东南亚国家联盟，2015，《东盟执业资格参考框架》（ASEAN Qualifications Reference Framework），Jakarta，ASEAN Secretariat，https://asean.org/asean-economic-community/sectoral-bodies-under-the-purview-of-aem/services/asean-qualifications-reference-framework。

东南亚国家联盟，2018，https://asean.org/wp-content/uploads/2012/05/ASEAN-MRA-TP-Handbook-2nd-Edition-2018.pdf。

国际古迹遗址理事会澳洲分会（Australia ICOMOS），2017，《"文化遗产质量框架"与"文化遗产技能发展"和"澳大利亚遗产质量框架讨论文件1号"之间的关系》（The Relationship between the Heritage Quality Framework and Heritage Skills Development, Australian Heritage Quality Framework Discussion Paper No 1），https://australia.icomos.org/wp-content/uploads/AHQF_Discussion-Paper-No-1_Relationship-between-AHQF-and-Heritage-Skills-Development_April-2017.pdf（访问于2020年5月15日）。

澳大利亚资格框架委员会（Australian Qualifications Framework Council，AQFC），2013，《澳大利亚资格框架（第二版）》（Australian Qualifications Framework），2nd.，https://www.aqf.edu.au（访问于2020年5月15日）。

Authority for the Protection and Management of Angkor and the Region of Siem Reap，http://apsaraauthority.gov.kh/?page=front&lg=en（访问于2020年7月23日）。

Cane，G.，2012，《遗产贸易技能报告》（Heritage Trade Skills Report），Belconnen，ACT，建筑及物业服务业技能委员会（Construction and Property Services Industry Skills Council），https://docplayer.net/47735933-Heritage-trade-skills-report.html（访问于2020年5月15日）。

沿岸资源中心（Coastal Resources Center，CRC）和西印度洋海洋科学协会（Western Indian Ocean Marine Science Association, WIOMSA），2012，《西印度洋-海洋保护区专业人员认证程序手册：概述、流程、能力和规则》（Western Indian Ocean - Certification of Marine Protected Areas Professionals Program Handbook: Overview, Processes, Competences and Rules），Narragansett，RI，Zanzibar，CRC，WIOMSA，https://www.crc.uri.edu/download/

WIOCOM_Handbook.pdf。

欧洲保护修复师组织联盟（European Confederation of Conservator-Restorers' Organisations，ECCO），2011，《进入文物保护修复专业的资格》（*Competences for Access to the Conservation-Restoration Profession*），布鲁塞尔，ECCO，https://www.academia.edu/7104228/ Competences_for_Access_to_the_Conservation_Restoration_Profession（访问于2020年5月15日）。

George Town World Heritage Incorporated，http://gtwhi.com.my/about-us/meet-the-team/（访问于2020年7月23日）。

盖蒂保护研究所，2008，《文物保护教育工作领导班子务虚会（2002—2008年）》（*Directors' Retreats for Conservation Education, 2002-2008*），https://www.getty.edu/conservation/our_projects/ education/drsretreat/drsretreat_2008.html（访问于2020年7月23日）。

香港学历资格框架秘书处（Hong Kong Qualifications Framework Secretariat），2013，https://www.hkqf.gov.hk/filemanager/security/ printedmaterial/en/upload/79/201307guide_e.pdf。

顺化古迹保护中心（Hue Monuments Conservation Centre），http://hueworldheritage.org.vn/Default.aspx?l=en（访问于2020年7月23日）。

国际古迹遗址理事会，2019，《欧盟对需要干预的具有潜在影响的文化遗产进行资助的质量原则》（*European Quality Principles for EU-Funded Interventions with Potential Impact upon Cultural Heritage*），Charenton-le-Pont，France，ICOMOS，http://openarchive.icomos.org/2083（访问于2020年7月23日）。

国际劳工组织，2006，《制定能力标准区域模（RMCS）的指南》（*Guidelines for Development of Regional Model Competency Standards, RMCS*），曼谷，国际劳工组织，https://www.ilo.org/asia/publications/WCMS_BK_PB_234_ EN/lang--en/index.html（访问于2020年5月15日）。

国际劳工组织，2016，《制定能力标准区域模型的指南（更新）》（*Updated Guidelines for Development of Regional Model Competency Standards*），曼谷，国际劳工组织，https://www.ilo.org/asia/publications/WCMS_496514/lang--en/index.html（访问于2020年5月15日）。

Kong, P., 2014, 《亚洲及太平洋能力建设战略和相关方案》（*Capacity Building Strategy and Associated Programmes for Asia and the Pacific*），上海，亚太地区世界遗产培训与研究中心（World Heritage Institute of Training and Research for the Asia and the Pacific Region, WHITRAP），http://www.whitr-ap.org/index.php?classid=1489&newsid=2271&t=show（访问于2020年5月15日）。

航海考古学会（Nautical Archaeology Society），2009，《与海上考古相关的基准能力要求和培训机会》（*Benchmarking Competence Requirements and Training Opportunities related to Maritime Archaeology*），Portsmouth。

UK, Nautical Archaeology Society, https://www.nauticalarchaeologysociety.org/benchmarking- compe-tence-requirements（访问于2020年5月15日）。

苏格兰学历管理委员会（Scottish Qualifications Authority, SQA），2017，《苏格兰木工和细木工（建筑）职业资格—SCQF 6级》［*Scottish Vocational Qualifications in Carpentry and Joinery（Construction）at SCQF level 6*］，https://www.sqa.org.uk/sqa/65886.html（访问于2020年5月15日）。

Stolton, S. and Dudley, N., 2016，《METT手册：管理有效性跟踪工（MET）使用指南》［*METT Handbook: A guide to using the Management Effectiveness Tracking Tool（METT）*］，Woking, UK, WWF-UK, https://rris.biopama.org/node/18794（访问于2020年7月23日）。

Thompson, J., Wijesuriya, G., 2018，《从"延续遗产"到"遗产延续更广泛的社会福祉和利益"：国际财产保护与修复研究中心的阐释视角》（*From 'Sustaining heritage' to 'Heritage sustaining broader societal wellbeing and benefits': An ICCROM Perspective*），Larsen, P. B., Logan, W.S.（eds），《世界遗产与可持续发展：世界遗产管理的新方向》（*World Heritage and Sustainable Development: New Directions in World Heritage Management*），伦敦，Routledge。

联合国大会（United Nations General Assembly），2007，《联合国土著人民权利宣言》（*United Nations Declaration on the Rights of Indigenous Peoples*），

《决议》（Resolution）61/295，https://www.un.org/development/desa/indigenouspeoples/declaration-on-the-rights-of-indigenous-peoples.html。

联合国大会（United Nations General Assembly），2015，《改变我们的世界：2030年可持续发展议程》（Transforming our World: The 2030 Agenda for Sustainable Development），2015-10-21，A/RES/70/1，https://sustainabledevelopment.un.org/post2015/transformingourworld（访问于2020年7月23日）。

联合国教科文组织，2018，《亚洲及太平洋地区发展和提高资格框架准则：建立共同责任文化》（Guidelines on Developing and Strengthening Qualifications Frameworks in Asia and the Pacific: Building a Culture of Shared Responsibility），曼谷，联合国教科文组织，https://unesdoc.unesco.org/ark:/48223/pf0000265652。

联合国教科文组织，2019a，《全球高等教育资格认定公约》（Global Convention on the Recognition of Qualifications concerning Higher Education, UNESCO General Conference），40th session，2019/11/25，http://portal.unesco.org/en/ev.php-URL_ID=49557&URL_DO=DO_TOPIC&URL_SECTION=201.html。

联合国教科文组织，2019b，《亚洲文物保护第三卷：从联合国教科文组织亚太文化遗产保护奖中吸取的经验教训（2010—2014）》（Asia Conserved Volume Ⅲ: Lessons Learned from the UNESCO Asia-Pacific Awards for Cultural Heritage Conservation, 2010-2014），曼谷，联合国教科文组织，https://bangkok.unesco.org/content/asia-conserved-series（访问于2020年7月23日）。

联合国教科文组织，2020，《亚洲及太平洋地区在学科层面实施资格框架指南：教育研究和文化遗产管理》（Guidelines on Implementing Qualifications Frameworks in Asia and the Pacific at Subject Level: Educational Studies and Cultural Heritage Management），曼谷，联合国教科文组织，https://unesdoc.unesco.org/ark:/48223/pf0000373985?posInSet=1&queryId=98f81e00-ed13-475a-a738-a293610da710。

联合国教科文组织世界遗产中心（UNESCO World Heritage Centre），2008，《加强我们的遗产工具包：评估世界自然遗产地的管理效力》（Enhancing our Heritage Toolkit: Assessing Management Effectiveness of Natural World Heritage Sites），World Heritage Papers 23，巴黎，联合国教科文组织，https://whc.unesco.Org/fr/documents/100750（访问于2020年7月23日）。

Worboys, G. L., Lockwood, M., Kothari, A., Feary, S., Pulsford, I.（eds），2015，《保护区治理和管理》（Protected Area Governance and Management），堪培拉，ACT，ANU Press，https://press.anu.edu.au/publications/protected-area-governance-and-management。

世界遗产委员会（World Heritage Committee, WHC），2007，《"社区"的"第五个C"》（The 'fifth C' for 'Communities'），联合国教科文组织第31 COM 13B号决议，巴黎，https://whc.unesco.org/en/decisions/5197/（访问于2020年7月23日）。

世界遗产委员会，2011，https://whc.unesco.org/en/decisions/4394/（访问于2020年5月15日）。

世界遗产委员会，2015，《将可持续发展观点纳入〈世界遗产公约〉进程的政策》（Policy for the Integration of a Sustainable Development Perspective into the Processes of the World Heritage Convention），巴黎，联合国教科文组织，https://whc.unesco.org/en/sustainabledevelopment。

世界遗产委员会，2016，《能力建设战略的后续行动》（Follow up to the Capacity-Building Strategy），联合国教科文组织第40 COM 6号决议，巴黎，https://whc.unesco.org/en/decisions/6778（访问于2020年5月15日）。

图书在版编目（CIP）数据

文化遗产管理能力框架：文化遗产从业者核心技能与知识指南 / 联合国教育、科学及文化组织组织编写；北京市文物局译 . -- 北京：北京出版社，2024.8
书名原文：COMPETENCE FRAMEWORK FOR CULTURAL HERITAGE MANAGEMENT A GUIDE TO THE ESSENTIAL SKILLS AND KNOWLEDGE FOR HERITAGE PRACTITIONERS
ISBN 978-7-200-18596-6

Ⅰ. ①文… Ⅱ. ①法… ②北… Ⅲ. ①文化遗产—指南 Ⅳ. ① G112-62

中国国家版本馆CIP数据核字(2024)第030618号
北京市版权局著作权合同登记号：图字：01-2023-6030

主　任：陈名杰　张爱军	责任编辑：黄雯雯　杨　超
副主任：凌　明　褚建好　马　驰	装帧设计：魏建欣
主　编：周峥　黄雯雯　黄杰君	责任印制：齐　颖

文化遗产管理能力框架
文化遗产从业者核心技能与知识指南
WENHUA YICHAN GUANLI NENGLI KUANGJIA

联合国教育、科学及文化组织　组织编写　北京市文物局　译

*

北 京 出 版 集 团
北 京 出 版 社　出版
（北京北三环中路6号）
邮政编码：100120

网　　址：www.bph.com.cn
北京出版集团总发行
新　华　书　店　经　销
北 京 华 联 印 刷 有 限 公 司

*

210毫米×285毫米　7.75印张　150千字
2024年8月第1版　2024年8月第1次印刷
ISBN 978-7-200-18596-6
定价：39.80元
如有印装质量问题，由本社负责调换
质量监督电话：010-58572393